荆楚全書·第一輯

楚國先賢傳校注

（晋）張輔著 舒焚 校注

長江出版傳媒
湖北人民出版社

圖書在版編目（CIP）數據

楚國先賢傳校注 / (晋) 張輔著；舒焚校注. — 武漢：
湖北人民出版社, 2023.12
ISBN 978-7-216-10633-7

Ⅰ. ①楚… Ⅱ. ①張… ②舒… Ⅲ. ①歷史人物 – 列
傳 – 中國 – 楚國(?–前223) Ⅳ. ①K820.26

中國國家版本館CIP數據核字（2023）第032074號

責任編輯：朱小丹
封面設計：劉舒揚
責任校對：范承勇
責任印製：肖迎軍

出版發行：湖北人民出版社　　　　地址：武漢市雄楚大道268號
印刷：武漢郵科印務有限公司　　　郵編：430070
開本：787毫米×1092毫米　1/16　印張：5.75
字數：97千字　　　　　　　　　　插頁：1
版次：2023年12月第1版　　　　　印次：2023年12月第1次印刷
書號：ISBN 978-7-216-10633-7　　定價：24.00元

本社網址：http://www.hbpp.com.cn
本社旗艦店：http://hbrmcbs.tmall.com
讀者服務部電話：027-87679656
投訴舉報電話：027-87679757
（圖書如出現印裝質量問題，由本社負責調換）

前　言

　　《楚國先賢傳》，是西晋人寫的一本書。《隋書・經籍志》史部"雜傳"下，著録有"《楚國先賢傳贊》十二卷，晋張方撰"；《舊唐書・經籍志》乙部"雜傳"下，著録有"《楚國先賢志》十二卷，楊方撰"；《新唐書・藝文志》乙部"雜傳記"下，著録有"張方《楚國先賢傳》十二卷"。到了《宋史・藝文志》，就没有著録了。清《四庫全書總目提要》也没有著録。足見這本書到元朝已經亡佚。

　　但是從西晋到宋朝的八九百年間，許多人看見過、閱讀過這本書。南朝宋裴松之、梁劉孝標、唐李賢分别爲《三國志》《世説新語》《文選》作的注，特别是唐、宋著名的類書《北堂書鈔》（以下簡稱《書鈔》）、《藝文類聚》（以下簡稱《類聚》）、《初學記》、《太平御覽》（以下簡稱《御覽》）以及其他一些書，還從這本書中援引了不少故實和語言片段，有的多至數十處。

　　從元朝起，就有人開始爲這本書輯佚。輯佚的本子有元陶宗儀輯、明陶珽重校、1646 年（清順治三年）委宛山堂《説郛》本，有清陳運溶輯、1900 年（光緒二十六年）《麓山精舍叢書・歷朝傳記》本（以下簡稱《傳記》本），有掃葉山房 1926 年（民國十五年）印行的《五朝小説大觀・魏晋小説雜傳家》本（以下簡稱《大觀》本），有商務印書館印行的《萬有文庫・舊小説・漢魏六朝》本（1957 年重印有單行本《舊小説》。以下簡稱《舊小説》本）等，均不分卷。此外，還有《玉函山房輯佚書・補編》中所收的王仁俊輯本一卷（未曾刊印，上海圖書館藏有鈔本）。

　　我們曾把通行的四種輯佚本子，加以對照，發現它們在内容方面詳略不一。《説郛》本收有黄香、孟宗、石偉、徐高、孫携、韓暨、李善、應余等東漢至三國八人；《傳記》本收有百里奚、熊宜僚、宋玉、陰蒿、孔休、陰興、陳宣、李善、胡紹、樊英、黄尚、孫雋、孫敬、董班、黄琬、陰循、楊顗、郭攸之、楊慮、宗承、應余、應璩、韓暨、孟宗、石偉、韓邦等春秋至西晋初年二十六人，以及一條僅記述幾句不知誰説的話、無法判斷其朝代與人名的文字作爲附録；《大觀》本所收八人中，除以陰蒿代徐高外，其餘與《説郛》本同；《舊小説》本僅收李善、應余兩人。此外，《襄陽耆舊記》卷第一《龐德公》下有三十一字，文前有“《先賢傳》云”四字。翻檢《隋書·經籍志》，所指當是《楚國先賢傳》，三十一字當是此書的佚文而未經輯録者。

通行的四種輯佚本子，以《傳記》本内容較豐。它當是比較接近於原書規模的一種本子。我們就以它爲底本進行整理，除全部收入其所收的二十六人和一個附録外，並把它之所無而《説郛》《大觀》兩本均有的黄香收進來。《傳記》本、《大觀》本的陰蒿以及《説郛》本的徐高，都是“陰嵩”之誤；因而作了改正。《説郛》本、《大觀》本的孫携，是《傳記》本的“孫雋”之誤，因而從《傳記》。此外，把新自《襄陽耆舊記》輯録的關於龐德公的文字也收進來。這樣，就成爲一個共有二十九篇的新本子，其中包括《傳記》本的全部，又加上黄香、龐德公，共收春秋至西晋初年二十八人以及一個附録。

一本記述春秋至西晋初年“楚國”地區的“先賢”的書，僅收入不到三十人，未免太少。爲什麼祇有這些？原因之一，是輯佚得來的佚文還不是亡佚文字的全數。《隋志》和兩《唐志》所著録的，都是十二卷。雖然古書可能每卷篇幅很短，但十二卷總的篇幅不會很少。而上述幾種輯本，内容都比較單薄，顯然還有大量亡佚，並且有許多亡佚文字已經湮滅不可復得。原因之二，是這本書的作者有嚴格的取捨標準，除已收入者外，其他的人概不入選。這種可能性是有的。但是，從《傳記》本收入的人物看，至少像收了宋玉而未收屈原這樣的情況是説不過去的。難道屈原不比宋玉更值得記述嗎？恐怕原書亡佚甚多仍然是這些本子收入人物有限的主要原因。

當然，作者是有他的入選標準的。收入的近三十人的籍貫，是以今湖北襄陽、荆州、黃岡、孝感，河南南陽、許昌、駐馬店，安徽宿縣、阜陽，湖南郴州以及其他地區爲範圍，而以南陽、襄陽兩地區爲最多，前者占五分之二，後者占七分之一。以上這些地區，正是春秋至戰國時期的大國楚國的舊地。這是一點。

第二點，收入的近三十人是些什麼樣的人？他們是我國古代統治階級及其史家們認爲值得肯定的人物，是當時的名臣、良吏，好的外戚，忠義、骨鯁、孝悌、力學之士，以及文人、隱逸等。他們對於當時的人民來說，大都是有一定益處，而無害處或無大害處的人。像百里奚的“相秦”，“勞不坐乘，暑不張蓋”；孔休的“稱疾不見”王莽；陰興的勤於職守，謹慎謙退，使其姊陰皇后也注意不驕奢；黃香的勤慎周密，清廉平恕；黃尚的“爲司隸校尉”，使“奸慝自弭”；孫敬的勤苦讀書；黃琬的敢於與邪惡的有權勢者作鬥争；楊顒的面見諸葛亮提出批評；孟宗等的孝敬父母；韓暨的囑咐家人薄葬自己，特別是他的利用水力鼓風，進行礦冶，等等，其作爲，其影響，可以説都是好的。至於他們中間有些人搞迷信，有些人鎮壓人民，那當然是必須給予批判的。我們在這些篇目的整理中，注意作了一定的批判。

書中對這些人的記述，可以從一個角度幫助我們今天對這一廣大地區內、這一漫長時期的某些歷史情况進行瞭解，並從中取得某些借鑒。

《隋志》和兩《唐志》中，著録有不少的各地區“先賢傳”“耆舊傳”或“人物志”。其作者們所處的朝代，是從東漢到南朝，而以三國至兩晋爲多數。《楚國先賢傳》是其中的一種。它是在一些人們積極撰寫地區人物傳志的風氣中寫出的。它的每篇所寫的，幾乎都不是某一人物的一生，而是他的一生中的某些片斷，甚至祇寫其一事、一言。這種寫法，後來在南朝就産生了《世説新語》那樣的名著。這一類著作雖然有時被稱爲“小説”，但它們並非虛擬的創作，而是切實的記録，主要是“史”而不是“文”，往往可以作“正史”的補充。《楚國先賢傳》

也正是這樣。

《楚國先賢傳》的作者是誰？大都説是晋張方。也有説是楊方的，那就是《舊唐書·經籍志》。也有説他是張方賢的，例如《文選》應璩《百一詩》李賢解題以及《御覽·宗親·伯叔》、同書《人事·諺》就是如此。還有説他是鄒閎甫的，那是宋陳振孫的《直齋書録解題》。

説是張方的，畢竟是多數。《隋志》"晋張方"；《新唐志》"張方"；《書鈔·地·石》"張方《楚國先賢傳》"。而且這本書的《説郛》本、《傳記》本、《大觀》本，均作張方。

《晋書》有《張方傳》，説他是"河間人也……以材勇得幸於河間王顒，累遷兼振武將軍"。在八王之亂中，他打了一些仗，殺了許多人，官至"中領軍、録尚書事，領京兆太守"。最後又爲司馬顒所殺。他與"楚"地没有瓜葛，既不是那裏的人，也没有在那裏活動過，自己不搞文墨，也没有材料記載他曾經倩人著述。説這一張方是《楚國先賢傳》的作者，不像。

《晋書》又有《楊方傳》，是《賀循傳》的附傳。其中説他是會稽山陰人，"少好學，有異才"。起初爲郡守的屬員，"公事之暇，輒讀五經"。經賀循等的推薦，"司徒王導辟爲掾，轉東安太守"，後又任"高梁太守。在郡積年，著《五經鈎沉》，更撰《吳越春秋》，并雜文筆，皆行於世"。他如果又著有《楚國先賢傳》，這裏必定有記載，他也必定會把浙江地區人物收在書内。然而都没有，可見他也不是《楚國先賢傳》的作者。

《晋書》及其以後的"正史"，無張方賢其人。

至於陳振孫説作者是鄒閎甫，是見於《文獻通考》所引。《通考·經籍考·史·地理》在"《襄沔記》三十卷"下説："陳氏曰：唐吳從政撰。删宗懍《荆楚歲時記》、盛弘之《荆州記》、鄒閎甫《楚國先賢傳》……集成此書。"關於鄒閎甫，清姚振宗《隋書經籍志考證》卷二十説："《書録解題·地理類》'唐吳從政删鄒閎甫《楚國先賢傳》爲《襄沔記》三卷'。案：魏、晋時有鄒湛，字潤甫，南陽新野人。……閎甫或其昆季行。其《先賢傳》，隋、唐《志》皆不見，疑即在是書十二卷中。"那麼，説《楚國先賢傳》的作者是鄒閎甫，也還衹是個疑似之説。

《晋書》却有一個《張輔傳》。傳中説，"張輔……南陽西鄂人，漢河間相衡之後也"。"初補藍田令"，"累遷尚書郎……轉御史中丞"，"後遷馮翊太守"。河間王顒任他爲秦州刺史。在八王之亂中，被同是支持司馬顒的另一有兵力者所殺。他曾經"著論"論管仲、鮑叔，"又論班固、司馬遷"，"又論魏武帝不及劉備，樂毅減於諸葛亮"。（清張澍編《諸葛武侯文集》的附録，有自《類聚》《御覽》引文輯録的張輔《樂葛優劣論》一文。）顯然他爲官有暇，很有興趣於從事歷史與歷史人物的評述。他是今南陽地區的人，雖不在本地區爲官，却可能熟悉本地區的"先賢"事迹並樂意爲之作傳。

因此，這本書的作者有可能是張輔。同時，不排除又可能是張方或張方賢。但他不是上述那一張方；張方賢也可能衍"賢"字，而與這一張方爲同一人。楊方和鄒閎甫，比較可以肯定不是《楚國先賢傳》的作者。現在在書後附《晋書》張方、楊方、張輔三傳，以供參考。

這本書的整理工作，大致如下：

一、校勘

以《傳記》本爲底本，與這本書的其他本子、與援引了這本書的各書、與有關的正史以及其他的書互校。各本、各書每有不同，甚至一書中兩處的援引各異。對這種情況，參考各書，有時並作某些考證，擇善而從，審慎確定之。確屬必要，則對原文作些有根據的文字次序調整或增删。增删用方、圓括弧表示，其表示删去的字和圓括弧排作小一號的。還有像《孫敬》一篇那樣的，《傳記》本從三種書中輯出四條有關的文字，可以互相補充而不能彼此完全代替，那就把四條文字聯綴起來，成爲較完整的一篇。

《傳記》本輯校者陳運溶所作的簡注，每篇之末都有，他用以説明輯自何處；此外，他又有少量夾注。陳注也排小一號字，並以雙括弧括住，以資識別。

篇目多少的確定，已見上述。這裏説一下篇目次序的排列。《傳記》本原把孔休置於陰嵩（應爲陰嵩）之後；按孔休是王莽時人，故移到陰嵩之前。原無黃香，增入時，因爲他是漢章帝劉炟至安帝劉祜初年人，故置於稍後於他的胡紹之前。原把楊慮置於楊顒、郭攸之之後，三人都稱蜀漢人；按楊慮十七歲即死，其弟楊儀投奔劉備時，至少已二十歲，而當時劉備尚未稱漢中王，故楊慮應是東漢末年人，移到陰循之後。原無龐德公，增入時，因爲他的活動主要在劉表未死之前，而他年長於楊慮，故置於陰循之後、楊慮之前。

二、注釋

起初本想注釋儘可能少搞。但看來又不能太少。西晋人寫的書，文字未免簡古。爲了使讀者面稍寬，使讀者減少一些翻檢古籍與字辭書之勞，在讀音、語詞、史地和名物等方面作了一些注釋，以大體上能夠説明問題爲度。

注釋的一個任務，是對某些篇中宣揚的迷信觀點等消極的、錯誤的東西進行必要的批判。例如對《陳宣》《胡紹》《樊英》《孟宗》等篇中有關字句，就這樣做了；在此同時，也適當説明了這是當時統治階級、統治集團提倡所致。

三、譯文

這是用語體文對原文試作的譯寫，用意也在於供閱讀時參照，並稍減翻檢索解之煩。

四、事補

書中的記述，往往很簡略，而且是片斷的。仿佛攝影，祇攝取某一鏡頭。給人的印象遠非完整。以此來瞭解一個人，將祇能以偏概全，或者簡直無法瞭解。有的記述，祇有一句話，例如《陰循》一篇，全文是：“陰循，字元基，南陽新野人也。”有的記述，對被記述的人一語帶過，而用較多的話記述別的人，例如《陰興》一篇就是如此。對這些情況，有待於從各書尋找有關記述來作補充。而在“正史”以及其他的書中，確實有着可以用來補充的記載。所以，儘可能作了尋檢、爬梳。尋

檢、爬梳有所得，引來作爲補充時，並視需要按事類分條。這些引來的
補充記載，稱爲“事補”。“事補”的文字有需要注釋者，即夾注之，夾
注的字排小一號的。

　　限於水平，這一些看法和做法中缺點錯誤在所難免。敬請學者和讀
者給予指教！

目　　録

春　秋

百里奚〔一〕

百里奚，字井伯，楚國人。〔1〕(少)仕於虞，爲大夫〔二〕。〔2〕晋欲假道於虞以伐虢。〔3〕〔宫之奇〕諫而不聽〔三〕，奚乃去之。〔4〕《世説新語・德行篇》注

【譯文】

百里奚，字井伯，楚國人。在虞國做官，任大夫之職。晋國要向虞國借路，經過虞國去打虢國。宫之奇向虞君進諫，勸他不要答應晋國借路，虞公不聽。百里奚看見如此情勢，就離開了虞國。

【注釋】

〔1〕百里奚：百里，複姓。奚，也作"傒（xī）"。字井伯：《史記・晋世家》"虜虞公及其大夫井伯百里奚"張守節正義："《南雍州記》云：'百里奚宋井伯，宛人也。'"按，"宋"當是"字"之訛或衍文。當時人們習慣於字和名連稱，如百里奚之子孟明視，"孟明"是字，"視"是名。"井伯百里奚"或"百里奚井伯"，則是字、姓、名連稱或姓、名、字連稱。楚國人：《史記・秦本紀》"百里奚亡秦走宛"裴駰集解："《地理志》南陽有宛縣。"宛（古讀yuān，今讀wǎn），本爲楚邑，後屬秦，秦昭襄王嬴則時置縣，今河南南陽市。又，同書《商君列傳》"荆之鄙人也"張守節正義："百里奚，南陽宛人。屬楚，故云'荆'。"也有説他是虞國人的。《孟子・萬章上》："百里奚，虞人也。"這當是由於他在虞國較久的緣故。

〔2〕虞：虞，西周、春秋諸侯國，虞都在今山西平陸北。大夫：在西周、

春秋諸侯國内，是高於士、次於卿（小國無卿）的官職，並分上、中、下三級。

〔3〕晋：西周、春秋重要的諸侯國。疆域最大時有今山西大部、河北西南部、河南北部和陝西一角。晋滅虢、虞時，都絳，今山西翼城東。假道：借路。晋、虢本來接壤，但從晋都出兵打虢國，經過虞國最直捷，而且可以出其不意。虢：guó，西周、春秋諸侯國，虢都在今河南三門峽市東。

〔4〕宫之奇：虞國大夫。他曾經兩次進諫虞公，虞公不聽。《左傳》僖公二年：晋“以屈産之乘（shèng）與垂棘之璧，假道於虞以伐虢。……虞公許之，且請先（以虞國兵力爲先導）伐虢。宫之奇諫，不聽”。杜預注：“屈地生良馬，垂棘出美玉，故以爲名。四馬曰乘。”同書僖公五年：“晋侯復假道於虞以伐虢。宫之奇諫……弗聽，許晋使。宫之奇以其族行。”奚乃去之：見事補三。

【校記】

〔一〕《世説新語·德行》“祖光禄少孤貧……之皮耶”，劉孝標注引有此文。文前有“《楚國先賢傳》曰”六字。《説郛》本、《大觀》本無此文。

〔二〕（少）仕於虞爲大夫：據《史記·秦本紀》，百里奚曾經先到齊、周，想在那裏謀求職位，後來纔到虞國。虞亡，他已七十多歲。説他“少仕於虞”，未妥。故删“少”字。

〔三〕〔宫之奇〕諫而不聽：據《左傳》僖公二年、五年，《孟子·萬章上》，百里奚未就此事進諫虞公，而是宫之奇進諫不被採納。故增“宫之奇”三字。

【事補】

其一，百里奚“仕於虞”之前，曾經到過齊、周，想在那裏謀求職位。《史記·秦本紀》記載，秦穆公向百里奚“授之國政”時，百里奚自述了這一段經歷：“臣不及臣友蹇（jiǎn）叔，蹇叔賢而世莫知。臣嘗遊困於齊而乞食餖（zhì。裴駰集解：‘餖，一作銍。’張守節正義：‘餖，地名，在沛縣’）人。蹇叔收（收容，接納）臣。臣因欲事（服事，爲之作臣下）齊君無知（齊釐公姜禄甫同母弟夷仲年之子。釐公死，其子襄公姜諸兒繼位。在齊統治集團内部鬥爭中，無知殺襄公自立。不久，無知又被反對他的人殺掉），蹇叔止臣，臣得脱齊難。遂之周（前往周地），周王子穨（周莊王姬佗之子，莊王孫惠王姬閬的叔父。惠王奪其大臣的土地，大夫邊伯等五人起兵趕走惠王，立王子穨爲王。後來，支持惠王的諸侯攻殺王子穨，奉惠王復位）好牛，臣以養牛干（借某事物來接近某人並向他求官）之。及穨欲用臣，蹇叔止臣，臣去，得不誅。事虞君，蹇叔止臣。臣知虞君不用臣，臣誠私利祿爵，且（姑且）留。"

其二，百里奚家境貧困，因而外出到各地求職，臨別，其妻在困難中儘可能爲他餞行。夫婦失散多年，纔在秦國相聚。《顏氏家訓·書證》："《古樂府》歌百里奚詞（《山谷詩集·戲書秦少游壁》'憶炊門牡烹伏雌'任淵集注作'百里奚妻辭'。門牡，即門閂。百里奚家裏無柴，其妻不得不以門閂作柴用。伏雌，正在孵卵的母雞）曰：'百里奚，五羊皮（見事補三）。憶別時，烹伏雌，吹（通"炊"）扊扅（yǎn yí，同門牡）；今日富貴忘我爲（爲，表示感嘆和詰問的語氣）!'"《樂府詩集·琴曲歌辭·琴歌三首》署作者名"百里奚妻"，這裏是第一首。《琴歌三首》解題："《風俗通》曰：'百里奚爲秦相，堂上樂作，所賃（lìn，雇傭）浣婦（洗衣的女僕）自言知音，因援琴撫弦而歌。問之，乃其故妻，還爲夫婦也。'"這段話，《風俗通》今本已無。

其三，百里奚離開虞國又輾轉到秦國做官的具體經歷，兩種說法不同。一說是他被晉軍俘去，並被迫使作爲晉獻公的女兒即秦穆公的夫人穆姬的隨嫁奴隸入秦；他從秦國逃回楚國宛地，因外出過久，人地都已生疏，被當地人抓住；秦穆公這時已知他是賢才，使人用五張羊皮把他贖回秦國。《史記·秦本紀》："晉獻公滅虞、虢，虜虞君及其大夫百里奚……既虜百里奚，以爲秦繆公（即秦穆公嬴任好。繆，mù）夫人媵（yìng，隨嫁者）於秦。百里奚亡秦走宛，楚鄙（邊遠地區）人執之。繆公聞百里奚賢，欲重贖之，恐楚人不與，乃使之謂楚曰：'吾媵臣百里奚在焉，請以五羖（gǔ，黑公羊）皮贖之。'楚人遂許與人。當是時，百里奚年已七十餘。繆公釋其囚（從奴隸地位的禁錮中釋放出來），與語國事。……大說（yuè，通'悅'），授之國政，號曰五羖大夫。"另一說是百里奚在虞國將亡之際，自己離開虞國，然後自賣爲秦國某一畜牧主的奴隸，通過養牛養得很出色的辦法來表現自己，引起秦穆公對自己的注意。《孟子·萬章上》記載了萬章與孟子關於此事的問答。孟子對百里奚曾經賣自己爲奴隸這一說法持不相信的態度；但也說他是自行離開虞國的。"萬章問曰：'或曰，百里奚自鬻於秦養牲者五羊之皮以要（yāo，通"徼"，有所求取於）秦穆公。信乎？'孟子曰：'否，不然；好事者爲之也。百里奚，虞人也。晉人以垂棘之璧與屈産之乘假道於虞以伐虢。宫之奇諫，百里奚不諫。知虞公之不可諫而去秦，年已七十矣；曾不知（竟然不知道）以食（sì，飼養）牛干秦穆公之爲污（惡濁行爲）也，可謂智乎？不可諫而不諫，可謂不智乎？知虞公之將亡而先去之，不可謂不智也。時舉於秦（當其在秦國被選拔出來時），知穆公之可與有行（可以幫助並從而有作爲）也而相（xiàng，輔佐）之，可謂不智乎？相秦而顯其君於天下，可傳於後世，不賢而能之乎？自粥（yù，通'鬻'）以成其君（成全其君主），鄉黨自好者（鄉里中潔身自愛的人）不爲，而爲賢者爲之乎？"《史記》另一處以及《韓詩外傳》《説苑》則肯定自賣的説法。《史記·商君列傳》："趙良曰：'夫五羖大夫，荆之鄙人也。聞秦繆公之賢而願望見，行而無資，自粥於秦客，被褐（穿着獸毛或粗麻製成的短衣，形容窮困勞苦。被，pī）食牛。期年（經過一整年。期，jī），繆公知之，舉之牛口之下，而加之百姓之上。"《韓詩外傳》卷七："百里奚自賣五羊之皮，爲秦伯（伯，古代爵位名，爲五等爵中的第三等）牧牛，舉爲大夫，則遇（際遇）秦繆公也。"《説苑·臣術》："秦穆公使賈人（商人。賈，gǔ）載鹽，徵諸（之於）賈人。賈人買百里奚以五羖羊之皮，使將車之秦（把車送往秦國）。秦穆公觀鹽，見百里奚牛肥，曰：'任重道遠而險，而牛何以肥也？'對曰：'臣飲食以時，使之而不暴（暴，殘酷，不顧其死活），有險，先後之以身（指前面有險，自己就走在牛的前面；後面有險，自己就走在牛的後面），是以肥也。'穆公知其君子也，令有司（古代設官分職，各有專司，因而稱官吏爲'有司'）具沐浴，爲衣冠，與坐，公大悦。"當時的秦國上卿公孫支也對百里奚很佩服，請秦穆公同意把上卿之位讓給他；"故百里奚爲上卿以制（指裁斷國事）之，公孫支爲次卿以佐之也。"

其四，百里奚在偕同公孫支等人舉賢任能，輔佐秦穆公治理秦國中，有較好的作風、成績與聲名。除《孟子·萬章上》所載外，《史記·商君列傳》還説："五羖大夫之相秦也，勞不坐乘（這裏指四馬駕一車），暑不張蓋（傘蓋），行於國中，不從車乘（没有大批乘車馬的隨從）"，"發教（發出告諭）封内（疆界之内），而巴人（當時少數民族之一，也指其政權，其活動地區主要在今川東、鄂西一帶）致貢，施德諸侯，而八戎（當時對一批少數民族的泛稱）來服"，"三置晉國之君（指幫助晉惠公姬夷吾、懷公姬圉、文公姬重耳即位），一救荆國之禍（司馬貞索隱：'穆公二十八年，會晉、救楚、朝周是也。'秦穆公二十八年即前632年）"，"功名藏於府庫（指記載於書册而保存起來），德行施於後世。五羖大夫死，秦國男女流涕……此五羖大夫之德也。"

熊宜僚〔一〕

熊宜僚，楚人也。[1]隱居市南，不屈於時。[2]《初學記》卷二十四

【譯文】

熊宜僚，楚國人。隱居在楚都市街以南，不肯向當時所遇的情勢屈服。

【注釋】

〔1〕熊宜僚，楚人也：楚國有熊宜僚，又有熊相宜僚。《左傳》宣公十二年"楚子伐蕭，宋華椒以蔡人救蕭。蕭人囚熊相宜僚及公子丙……殺之"，所說的是熊相宜僚。同書哀公十六年"市南有熊宜僚者……告之故，辭"陸德明釋文："宜僚者，本或作熊相宜僚。"這是說，熊宜僚也曾經被記載爲"熊相宜僚"。但宣公十二年是前597年，哀公十六年是前479年，相差百餘年。熊宜僚與蕭人囚殺的熊相宜僚似非一人。

〔2〕市南：指楚都市街之南。春秋時，楚文王熊貲定都於郢（yǐng），今湖北江陵西北；昭王熊珍曾經遷於都（ruò），即"上都"或"若"，今湖北宜城東南；惠王熊章初年又曾經遷於鄀（yān），今宜城。熊宜僚所遭逢的楚國大事，正是遷於鄀的時候發生的。市南當指鄀市之南。不屈於時：見事補一。

【校記】

〔一〕《初學記·居處·市》"宜僚隱"下引有此文。文前有"《楚國先賢傳》曰"六字。《說郛》本、《大觀》本無此文。

【事補】

其一，熊宜僚的"不屈於時"，指他不怕威逼，堅決不肯參與白公勝領導的武裝政變；但他對這一政變有一定程度的同情。《左傳》哀公十六年："勝（白公勝，楚平王熊棄疾之孫，太子建之子。太子建被讒，奔宋、鄭等國，在鄭被殺。勝當時在吳國。楚惠王二年，即前487年，勝被楚國令尹子西召還，任白邑的大夫。他大力收攬人心，幾年後，發動了新興封建主反對奴隸主的武裝鬥爭）謂石乞（支持並跟隨白公勝發動鬥爭的重要人物）曰：'王（指楚惠王）與二卿士（指令尹子西和另一重要執政貴族子期），皆五百人當之，則可矣。'乞曰：'不可得（指搞不到五百人）也。'曰：'市南有熊宜僚者，若得之，可以當五百人矣。'乃從白公而見之（石乞於是跟隨着白公勝去見熊宜僚。據《玉函山房輯佚書·雜傳類·嵇康〈聖賢高士傳·市南宜僚〉》，是'白公……使石乞告之'），與之言，説（他表示高興）。告之故（告訴他，要邀請他出來參加），辭。承之以劍（杜預注：'拔劍指其喉'），不動。勝曰：'不爲利諂，不爲威惕，不泄人言以求媚者。去之（讓他去吧）！'"由於楚國奴隸主勢力還很強大，白公勝的鬥爭雖然取得短期的勝利，但他終於敗死。熊宜僚當是預感白公勝難於成功，并且自己不願捲入世局而堅決置身事外的；他對於反對舊勢力的鬥爭，則比較同情，白公勝、石乞"與之言"，他是喜悦的。

其二，熊宜僚善於技擊戰鬥，又喜歡玩球類；他主張並實行滌除煩慮，超脱世事，因而聞名於某些諸侯。《左傳》已説他"可以當五百人"。《莊子·徐無鬼》"市南宜僚弄丸（毬，今球類），而兩家之難解"成玄英疏："姓熊，字宜僚，楚之賢者也，亦是勇士沈没（隱遁。沈，chén，同'沉'。没，mò）者也。居於市南，因號曰'市南子'焉。楚白公勝欲因作亂，將殺令尹子西、司馬子綦（司馬，西周、春秋、戰國官名，掌管軍政和軍賦。子綦即子期。綦，qí），言：'熊宜［僚］勇士也，若得，敵五百人。'遂遣使屈之（使降志屈節來從）。宜僚正上下弄丸而戲，不與使者言。使因以劍乘（欺凌，威逼）之。宜僚曾（zēng，乃）不驚懼，既不從命，亦不言他。白公不得宜僚，反事不成。故曰兩家難解（指子西、子期兩人被殺的危難可以解除。難，nàn）。"嵇康《聖賢高士傳·市南宜僚》："市南宜僚，楚人也，姓熊。白公爲亂，使石乞告之，不從。承之以劍，而僚弄丸不輟。魯侯問曰：'吾學先生之道，勤而行之，然不免於憂患，何也？'僚曰：'君今能刳腸灑心（刳，kū，剖開挖空；灑，xǐ，通"洗"。意爲心地乾乾净净，不存污濁之物）而遊（指神遊）無人之野，則無憂矣。'"

戰　國

宋　玉[一]

宋玉對楚王曰[1]："神龍朝發崑崙之墟，暮宿於孟諸，超騰雲漢之表，婉轉四瀆之裏。[2]夫尺澤之鯢，豈能(到)〔量〕江海之大哉！[二]"《初學記》卷三十

【譯文】

宋玉回答楚王説："神奇的巨龍早晨從崑崙山下的深谷出發，傍晚到孟諸大澤歇息，高高騰躍在銀河以外，蜿蜒轉折於四條大河之中。那小池子裏的泥鰍，怎麽能計量巨龍據以活動的長江大海之廣大呢！"

【注釋】

〔1〕楚王：上引宋玉《對楚王問》的內容，是記述楚襄王（"襄"是謚號，楚襄王在世時不會有此稱呼，此字當不是《對楚王問》原文所有，而爲後人所加）與宋玉的問答。其中有"鯤魚（古代傳説中極其巨大的魚）朝發崑崙之墟（崑崙山下的深谷。墟的含義，當類似《列子·湯問》所説的'大壑'：'渤海之東……有大壑焉，實惟無底之谷，其下無底，名曰歸墟'），暮宿於孟諸（古湖泊名，在今河南商丘市北）。夫（fú，語助詞）尺澤之鯢（ní，小魚）豈能與之量江海之大哉"的文句，與此文文意相同。因而楚王是指頃襄王熊橫，頃襄王也簡稱襄王。劉向《新序·雜事》作"楚威王"，當誤。因爲威王熊商是懷王熊槐之父，而頃襄王是懷王之子，屈原是懷王時人，宋玉晚於屈原，不可能對懷王之父答問。

〔2〕雲漢：銀河，也指雲霄。婉轉：彎曲轉折。四瀆：古時對四條獨流入

海的大河的總稱。《爾雅·釋水》：“江（長江）、淮（淮河）、河（黃河）、濟
（實爲古時黃河的分流。當時黃河向北流去，在今天津市南入海；其由今河南滎
陽北分出的一支，大體上沿今黃河河道東流入海，稱爲濟水。滎，xíng）爲四
瀆（dú，大川）。四瀆者，發原（發於水源）注海者也。”

【校記】

〔一〕《初學記·鱗介·龍》“騰雲”下引有此文。文前有“《楚國先賢傳》
曰”六字。《説郛》本、《大觀》本無此文。

〔二〕豈能（到）［量］江海之大：文意是指“尺澤（小池）之鯢”不能
計量神龍一天内活動地區之廣。故據《文選》宋玉《對楚王問》改“到”爲
“量”。

【事補】

其一，宋玉是楚國末年鄢地的人，當時辭賦家之一，楚王的文學侍從之臣。
一説他曾經師事屈原。《史記·屈原賈生列傳》：“屈原既死之後，楚有宋玉、
唐勒、景差之徒者，皆好辭（文辭美好）而以賦見稱。”《楚辭·九辯》王逸
叙：“宋玉者，屈原弟子也。”習鑿齒《襄陽耆舊記》：“宋玉者，楚之鄢（今湖
北宜城境）人也”；“始事屈原，原既放逐……王（楚王）以爲小臣”，後來纔
逐漸受到一定的重視。他常常隨楚王出遊，並奉命寫了《高唐賦》《神女賦》
《大言賦》《小言賦》等。

其二，宋玉悲傷屈原的遭遇，寫了《九辯》《招魂》；又感到自己也不得
意，不爲有些人所喜，寫了《對楚王問》等。《隋書·經籍志》：“屈原被讒放
逐，乃著《離騷》……冀君覺悟。卒不省察，遂赴汨羅而死焉。弟子宋玉，痛
惜其師，傷而和之。”在《對楚王問》中，宋玉記述了楚王問他的話：“先生其
（豈）有遺行（可遺棄的、不好的行爲）與？何士民衆庶不譽之甚也？”他用
“其曲彌高，其和彌寡”等語來回答。

其三，宋玉留下的若干作品，思想内容和風格不一。歷來對他的爲人和辭
賦，也存在着不同看法。上引《屈原賈生列傳》：“宋玉、唐勒、景差之徒
者……皆祖（傚法）屈原之從容（這裏指富於文辭，表情狀物遊刃有餘。從

cōng）辭令，終莫敢直諫。"《文心雕龍·雜文第十四》："宋玉含才，頗亦負俗（受到世俗譏評）……放懷寥廓（空闊遠大），氣（精神、氣質）實使之。"對他的作品的著録，《漢書·藝文志》爲"宋玉賦十六篇"；《隋書·經籍志》爲"楚大夫宋玉集三卷"；兩《唐書》的《經籍志》《藝文志》爲"宋玉集三卷"。現在尚存者見於《楚辭章句》的有兩篇，見於《文選》的有五篇，見於《古文苑》的有六篇，共十三篇。其中有的被認爲不一定是他的作品。

漢

孔　休〔一〕

孔休傷頰有₍癥₎〔瘢〕。王莽曰：“玉屑白附子香消₍癥₎〔瘢〕〔二〕。”〔1〕乃以₍創₎〔劍〕₍彘[音滯]₎〔璏〕〔三〕並香與之。〔2〕《太平御覽》卷九百九十

【譯文】

孔休傷了面頰，有疤痕。王莽說：“玉屑白附子香能够消除疤痕。”當時就把劍璏和白附子香一起送給了孔休。

【注釋】

〔1〕白附子香：白附子與香料和成的藥物。白附子，中藥，也稱“禹白附”，天南星科植物獨角蓮的塊莖。另有“關白附”，是部分地區把毛茛（gèn）科植物黄花鳥頭的塊根作白附子用時的名稱。但兩者性能、效用並不相同。

〔2〕劍璏：劍柄上所繫的飾玉。《漢書·王莽傳上》“即解其璏”顔師古注：“服虔曰：‘璏音衛。’蘇林曰：‘劍鼻也。’師古曰：‘璏字本作璑，從王，彘聲，後轉寫者訛也。璏自雕琢字耳，音篆也。’”璏，在玉器上雕刻花紋；這裏指雕刻有花紋的美玉。劍鼻，劍柄上的孔，這裏指劍柄孔上所繫之物。

【校記】

〔一〕《御覽·藥·附子》引有此文。文前有“《楚國先賢傳》曰”六字。《說郛》本、《大觀》本無此文。

〔二〕（癥）〔瘢〕：癥，pán，足疾；這裏應爲“瘢”。據《漢書·王莽傳上》改。

〔三〕（創）〔劍〕（彘）〔璏〕："創"，據《御覽》改爲"劍"。"彘"，《御覽》同；據《漢書》"即解其璏（zhuàn）"顏師古注改爲"璏（zhì）"，詳見注2。"彘"字後的夾注"音滯"二字，是此本即《傳記》本所加。

【事補】

孔休是宛縣人，南陽太守某的門下掾，因被任爲試職的新都相，而與王莽有接觸。王莽很注意與他結交，但他對此並不熱中。上引《漢書》："始，莽就國（漢成帝劉驁永始元年，即前16年，封王莽爲新都侯，侯國在南陽新野的都鄉，食禄一千五百户；同時，王莽在朝爲騎都尉、光禄大夫、侍中。綏和元年即前8年，升任大司馬，輔政，哀帝劉欣初年，益封棘陽黄郵聚三百五十户，位特進。因爲王莽不尊敬哀帝的親祖母定陶傅太后，所以當時權勢很大的太皇太后、王莽的姑母王政君就叫王莽罷職回新都居住），南陽太守以莽貴重，選門下掾（在郡守之下總領衆事的官員。掾，yuàn）宛孔休（顏師古注：'姓孔，名休，宛人'）守新都相（守，試職。新都相，新都侯國的輔佐官。漢諸侯王國的相，一方面是諸侯王的輔佐，另一方面是朝政任命的地方官吏。相，xiàng），休謁見莽，莽盡禮自納（主動結交），休亦聞其名（指當時王莽頗有賢名），與相答（酬答）。後莽疾，休候（問候）之，莽緣恩意（乘機建立情誼），進其玉具寶劍，欲以爲好。休不肯受，莽因曰：'誠見君面有瘢，美玉可以滅瘢，欲獻其璏耳。'即解其璏，休復辭讓。莽曰：'君嫌其賈（賈，價。以其價值很貴爲嫌）邪？'遂椎（chuí，捶擊）碎之，自裹（包起來）以進（贈給）休，休乃受。及莽徵去（哀帝元壽元年，即前2年，又徵召王莽赴京任職），欲見休，休稱疾不見。"

陰(蒿) ［嵩］

陰(蒿) ［嵩］[一]，字文王，南陽新野人，衛尉興從祖兄也。[1]少喪父母，與叔父居。恭謙婉順，温良節儉。[2]王莽末，義兵初起，乃與叔父避世蒼梧。[3]後徵拜謁者。[4]以叔父憂[5]，棄官[二]。《太平御覽》卷五百一十二

【譯文】

陰嵩，字文王，南陽新野人，與衛尉陰興同一個曾祖，是陰興的堂兄。從小父母雙亡，跟着叔父生活。爲人恭敬、謙遜、和順、溫厚、善良、節儉。王莽末年，各地武裝起義剛開始，他就與叔父一起，避開世亂，前往蒼梧。後來，東漢朝廷徵召他赴京，任他爲謁者。由於叔父去世，要爲之守喪，棄去了官職。

【注釋】

〔1〕字文王：《詩·大雅》有《嵩高篇》，一般説法是贊美周宣王的。文，有美、善的意思。陰嵩當是因此而以"文王"爲字。從這也可看出不應名"蒿"。南陽：郡，秦昭襄王嬴則三十五年即前272年置，因在秦嶺終南山以南、漢水以北而得名。治所是宛縣，今河南南陽市。東漢時，轄境約當今陝西山陽，河南南陽和魯山、泌陽，以及湖北襄陽等地。新野：今河南新野。衛尉：漢時爲九卿之一，掌管宮門警衛，率領守衛未央宮以及長樂、建章、甘泉諸宮的屯衛兵。從祖兄：同一曾祖的堂兄。

〔2〕婉順：和婉順遂，不與人相忤。

〔3〕蒼梧：郡，漢武帝劉徹元鼎六年即前111年置。治所是廣信，今廣西梧州市。轄境約當今廣西梧州，桂林、柳州、玉林各一小部，廣東肇慶大部。

〔4〕徵拜：徵，徵召。拜，封拜，舉行一定儀式授與官職。謁者：《後漢書·百官志二》"謁者僕射（yè)"下，有"謁者三十人"，"掌賓贊受事，及上章報問"等事，"本員七十人，中興但三十人"。劉昭注補引荀綽《晋百官表注》："漢皆用……威容嚴恪能賓者爲之。"是在皇帝座前引導進退行禮儀的官員。僕射，意即其中的首長。

〔5〕憂：指父母及其他尊長之喪。

【校記】

〔一〕陰（蒿）[嵩]：《傳記》本原文及《説郛》本作"陰蒿"，《大觀》本作"徐高"。《後漢書·陰興傳》及《御覽·宗親·伯叔》作"陰嵩"，據改。

〔二〕陰（蒿）［嵩］……棄官：上引《御覽》引有此文。文前有"張方賢《楚國先賢傳》曰"九字。《説郛》本、《大觀》本均有此文。棄官，《説郛》本、《大觀》本作"棄官張掖"。據上引《後漢書》，陰嵩並未到張掖任過職。此本即《傳記》本中也無"張掖"二字。可見二字衍，故不取。

【事補】

其一，陰嵩出自東漢初顯赫的外戚家族。《東觀漢紀·光烈陰皇后傳》："有陰子公者，生子方。方生幼公。公生君孟，名睦（《後漢書·光烈陰皇后傳》作'陸'。當以'睦'爲是），即后之父也。"光烈陰皇后，即東漢光武帝劉秀的皇后陰麗華。其前母兄陰識，在劉秀之兄劉縯（yǎn）參加反對王莽的農民起義時，就隨劉縯爲校尉；光武帝即位，封侯，典禁兵。其同母弟陰興，見下《陰興》。陰嵩是陰興的從祖兄，其祖父是陰皇后的祖父陰幼公的兄弟。

其二，陰嵩與陰興不睦，但爲陰興所尊重；他爲人莊重威嚴，任職謹飭；他任謁者後，又曾經升任羽林中郎將、執金吾之職。《後漢書·陰興傳》：建武二十三年（47），陰興"卒，年三十九。興素與從兄嵩不相能（不相容，不和睦），然敬其威重（威嚴莊重）。興疾病，帝（指光武帝）親臨，問以政事及群臣能不（fǒu，同'否'）。興頓首（叩頭）曰：'臣愚不足以知之。然伏見（下對上陳述見解時的敬辭。伏，伏俯）議郎（漢始置官，掌顧問應對，隸屬於光禄勳。是郎官的一種，但不入值宿衛。東漢時，得參預朝政）席廣、謁者陰嵩，並經行明深（明於經學，久於歷練），踰於公卿。'興没後，帝思其言，遂擢廣爲光禄勳（秦稱郎中令，是親近皇帝的高級官職。漢武帝劉徹時改稱光禄勳，其屬下有大夫、郎、謁者以及期門、羽林宿衛官。平日掌領宿衛侍從）；嵩爲中郎將（秦置中郎，是近侍官員。西漢分爲五官、左、右三置，各置中郎將以分領之，均隸屬於光禄勳。東漢統兵將領也常用此名。五官，指具有多種職責），監羽林（武帝時選隴西等六郡良家子爲宿衛，後以其爲帝王羽翼，如林之盛，稱爲羽林騎）十餘年，以謹敕（即'謹飭'，能約束自己的言行）見幸。顯宗（漢明帝劉莊）即位，拜長樂衛尉，遷（調動官職，一般指提昇）執金吾（武帝時改'中尉'爲執金吾，是督巡京師及其附近地區治安的長官。一説'金吾'是兩端涂金的銅棒，手執此棒以示威權的所在。一説'吾'讀yù，即'禦'，金指兵器，執兵器以備非常）"。

陰　　興〔一〕

陰興，字君陵，南陽新野人也。拜衛尉。[1] 薨，明帝封興長子慶為(嗣)［鮦］陽侯[二]，次子(傳)［博］[三]為灊强侯，(傳)［博］弟員、丹皆為郎。[2] 慶少修儒術，推所居第宅、奴婢、財物，悉分與員、丹，但佩印綬而已。[3] 當世稱之。上以慶閨門孝悌[四]，行義敦密，褒顯朝廷，以勵親戚，擢為羽林右監。[4]《太平御覽》卷五百一十六

【譯文】

陰興，字君陵，南陽新野人。受封為衛尉。他死後，漢明帝封他的長子陰慶為鮦陽侯，次子陰博為灊强侯，陰博的弟弟陰員、陰丹都為郎官。陰慶從小就研習儒家學術，把所居住的住宅、家中所有的男女奴僕和各種財物都推開不要，統統分給了陰員、陰丹，自己只留下封侯所得的印綬佩帶着罷了。當時的人們因而很稱許他。皇帝由於看到陰慶在家孝於尊長，友愛兄弟，行事合宜，家庭關係敦睦親密，就褒美顯揚於朝廷，鼓勵親族，就把他提升為羽林右監。

【注釋】

〔1〕拜：見上《陰嵩》注4。衛尉：見上《陰嵩》注1。

〔2〕薨：（hōng），古稱諸侯及高級官員之死。陰興封關內侯，死後又追封為有國邑的侯，故稱其死為薨。鮦（zhòu）陽：故城即今安徽臨泉西境的鮦城。灊（yìn）强：在今河南臨潁東南。郎：帝王侍從官的通稱，職責原為護衛、陪從，隨時建議，備顧問及差遣。秦、漢時，屬郎中令，無定員，出身有任子、貲選、文學、技藝等。郎是出仕的主要途徑。東漢時，在尚書臺分曹任事者稱尚書郎，職責範圍與過去不同。

〔3〕修：學習，研習。印綬：印章和繫印紐的絲帶。印章的質料、大小，印紐的雕鏤形象，以及綬帶的顏色，都因官爵級別而异。

〔4〕閨門：指家門。義：事之宜，正義。羽林右監：分領禁衛軍的官員之

一。《後漢書·百官志二》"羽林中郎將"下，有"羽林右監一人……主羽林右騎"。羽林，見上《陰嵩》事補二注。

【校記】

〔一〕《御覽·宗親·兄弟》引有此文。文前有"《楚國先賢傳》曰"六字。《説郛》本、《大觀》本無此文。

〔二〕（嗣）〔鮦〕陽侯：據《東觀漢記》《後漢書》兩書本傳，"嗣"改爲"鮦"。

〔三〕（傳）〔博〕：《東觀漢紀·陰傳傳》"傳"作"傳"；《後漢書》本傳作"博"。據後者改爲"博"。

〔四〕孝悌：《傳記》本原文"孝"作"悖"。

【事補】

其一，陰興是光武帝的皇后陰麗華同母弟，長期任光武帝侍從武官，勤於職守。爲人謹慎謙退，雖是顯赫的外戚，但不肯追求更大權位。《後漢書》本傳："興……光烈皇后母弟也。爲人有膂力（體力。膂，lǚ）。建武二年（26），爲黃門侍郎（《後漢書·百官志三》：'無員。掌侍從左右，給事中，關通內外，及諸王朝見於殿上，引王就坐。'給事中意指供指使和從事諸事於殿中），守期門僕射（期門，武帝時選隴西等六郡的良家子組成的衛隊，當武帝微行時，執兵器護衛，約定按時齊集於殿門，故稱。僕射，見上《陰嵩》注4），典將武騎（典，掌管。將武騎，騎兵名），從征伐，平定郡國（漢時地方政權的建制，有郡守爲長官的郡，又有世襲的諸侯或王的國），興每從（指跟從光武帝）出入，常操持小蓋（見上《百里奚》事補四注），障翳風雨，躬履涂泥（《東觀漢紀》本傳：'疾風暴雨，屏翳左右，泥涂狹隘，自投車下，脫褲解履，涉淖至踝。'褲，指套褲。淖，nào，泥沼。踝，huái，小腿與腳接連的部分），率先期門。光武所幸（幸，指帝王駕臨）之處，輒先入清宮（從安全及清潔着眼清理行宮），甚見親信。……九年（33），遷侍中（秦時始置的官職。漢時，是自列侯以下至郎中的加官，無定員。侍從皇帝，出入宮廷。由於接近皇帝，地位逐漸貴重），賜爵關內侯（位在列侯下，只有封號，沒有國邑）。帝後（後來）召興，欲封之，置印綬於前。興固讓曰：'臣未有先登陷陣之功，而一家數人並蒙爵、土（陰麗華、陰興之兄陰識，更始帝劉玄封之爲陰德侯，光武帝初封之爲陰鄉侯，後定封爲原鹿侯；父陰睦，追封宣恩哀侯；陰麗華另一弟弟陰訢，追封宣義恭侯，訢，xīn），令天下觖望（不滿意，抱怨。觖，jué），誠爲盈溢。臣蒙陛下、貴人（妃嬪稱號，光武帝時始置，僅次於皇后。這裏指陰麗華，她被封爲皇后前，位爲貴人）恩澤至厚，富貴已極，不可復加，至誠不願。'帝嘉興之讓，不奪其志（不强迫他放棄主張）。……十九年（43），拜衛尉（戰國始置。兩漢的九卿之一，掌管宮門警衛，統領警衛部隊的一部分。魏、晋沿置。《初學記·職官·衛尉卿》'身無愛惜'下，引司馬彪《續漢書》：'陰興爲衛尉，每諸將出遠征，身行勞問，無所愛惜。'這裏據《御覽·職官·衛尉卿》〔卷二三〇〕所引，增'諸''出'二字），亦輔導皇太子。明年夏，帝風眩疾甚，後（後來）以興領侍中（管領侍中之事），受顧命（臨終的囑咐）於雲臺廣室（當時洛陽南宮的雲臺廣德殿）。會疾瘳（chōu，病愈），召見興，欲以代吳漢爲大司馬（秦至漢初有太尉，爲全國軍事首腦。漢武帝罷太尉，置大司馬，一般與大將軍連稱。西漢常以掌權的外戚任此職）。興叩頭流涕，固讓曰：'臣不敢惜身，誠虧損聖德，不可苟冒。'至誠發中，感動左右，帝遂聽之。二十三年（47），卒，時年三十九。"

其二，陰興守本分，不奢侈；影響所至，使陰皇后也注意謙退。他又能舉薦賢能，雖與自己不熟悉，甚至關係不好，也要舉薦；而對不夠賢能、無益於政事的人，雖熟悉而且友好，也不舉薦。《後漢書》本傳：他"第宅苟完（草草修治），裁（通'纔'，僅僅）蔽風雨"；"雖好施接賓（樂於施予以及交接賓客），然門無俠客（舊指抑强扶弱的豪俠之士。從戰國至秦、漢，他們每每是與掌權者對立的。但其中也有非法殺人並謀私利的人）"。光武帝幾次要封他以更高的官爵，他堅持推讓，"貴人（指陰麗華）問其故，興曰：'貴人不讀書記（書籍、典籍）邪？亢（kàng）龍有悔（《易·乾》的文句。亢，至高；龍，象徵君位；悔，因有災，有罪而悔。這裏泛指居高位的人應以驕貪不已爲戒，不然會有敗亡的灾禍）。夫外戚家苦（患，因而受到禍害）不知謙退，嫁女欲配侯王，取婦眄睨（miǎn nì，斜視，形容覬覦、巴望）公主，愚心實不安也。富貴有極，人當知足，誇奢益爲觀聽所譏。'貴人感其言，深自降挹（yì，通'抑'，抑制、謙退），卒不爲宗親求位"。《東觀漢紀》本傳："興盡忠竭思，其無益於國，雖在骨肉，不以私好害公義。與同郡張宗、上谷（郡。治所是沮陽，今河北懷來東南。轄境約當今河北懷來、張家口市一帶以及北京市延慶等地）鮮于袁（póu）不相好，知其有用，猶稱其所長而達之。友人張汜、杜禽，與興厚善，以爲華而不實，但私之以財（私下給與他們財物），終不爲言。是以世稱其忠平。"

陳　宣〔一〕

陳宣，字子興，拜諫議大夫。[1] 建武十年，洛水溢，出造(孟)津[二]。[2] 城門校［尉］欲(築)［奏］塞之[三]。[3] 宣曰："昔周公卜洛以安宗廟，爲萬世基，水(盡不)［不當］入城門[四]。[4] 今數爲灾異，人主之過不可(解)［辭〕[五]。[5] 塞之無益。昔王尊尚修己以(祠)［禳］灾異[六]，況朝廷中興之主！[6] 水必不入。"言絶而水退也。[7]《北堂書鈔》卷五十六

【譯文】

陳宣，字子興，任諫議大夫的官職。建武十年，洛水漲滿外流，從造津流出堤岸。城門校尉打算奏報皇帝，請批准填塞靠近造津的城門。陳宣説："從前，周公選擇洛水之濱爲王室安全穩定地發號施令的處所，在這裏建立千秋萬代的基業，河流上漲，按説也不應當泛濫到城門以內來。現在屢次成爲灾異，這是由於爲君上者有過錯無可推諉吧。從前，王尊其人還能够反省修身，從各方面改進，來禳解灾異，何況在位的君上是中興之主呢！洛水一定不會泛濫到城門以內來。"果然他剛説完水就退下去了。

【注釋】

〔1〕諫議大夫：《後漢書·百官志二》"諫議大夫，六百石"劉昭注補："胡廣曰：'光禄大夫，本爲中大夫，武帝元狩五年（前118）置諫大夫爲光禄大夫，世祖（光武帝劉秀）中興，以爲諫議大夫。……於古皆爲天子之下大夫，視列國之上卿。'《漢官》曰三十人。"

〔2〕造津：當爲東漢時洛水的一個渡口。

〔3〕城門校尉：《後漢書·百官志四》有"城門校尉"，其職責是"掌雒（通'洛'）陽城門十二所"。

〔4〕卜洛：用占卜問吉凶的辦法，選擇洛水之濱爲定居之地。宗廟：天子、諸侯祭祀祖先的處所，因而舊時也用作王室、國家的代稱。

〔5〕數（shuò）：屢次。

〔6〕王尊：漢元帝劉奭、成帝劉驁時人，爲官秉公執法。成帝時，調任東郡（治所在今河南濮陽西南，轄境約當今山東茌平、聊城向西南延伸，至河南新鄉市東一帶）太守。黃河水溢，他按照當時的迷信做法，祭祀河神，並住在堤上，決心以身填堤。大水沖壞河堤，吏民都走開，他仍和一個屬員堅守不去。這時，河水恰恰稍退。他因而受到吏民的稱贊和朝廷的嘉獎。禳（ráng）：祭禱消災。朝廷：君主接受朝見和處理政事的處所，封建時代爲中央政府或君主的代稱。這裏指東漢光武帝劉秀。

〔7〕言絕而水退也：這當然是一個巧合，是恰好上游流量減小，水勢退去，而決不是由於劉秀爲"中興之主"，水不來侵。

【校記】

〔一〕《書鈔·設官·諫議大夫》"陳宣明（知道）洛水必不入"下引有此文。文前有"《楚國先賢傳》云"六字。《説郛》本、《大觀》本無此文。

〔二〕洛水溢，出造（孟）津：據清汪文臺輯《七家後漢書》本謝承《後漢書》本傳，删"孟"字。按，孟津在洛陽以北數十里的黃河岸；而漢至元魏時期的洛陽城，洛水均在城南向東流。故以謝承《書》爲是。

〔三〕城門校〔尉〕欲（築）〔奏〕塞之：據謝承《書》增"尉"字；並據《後漢書·五行志三》"謂蝗屬也"劉昭注補引謝承《書》改"築"爲"奏"。塞住首都的一座城門，不是小事，需要奏准，以"奏"爲是。

〔四〕水（盡不）〔不當〕入城門：據謝承《書》改"盡不"爲"不當"。

〔五〕不可（解）〔辭〕：據謝承《書》改"解"爲"辭"。

〔六〕修己以（祠）〔禳〕灾异："祠"顯然有誤，以"禳"爲是，故改。

【事補】

陳宣爲人剛毅，熟悉《魯詩》，在朝敢於諫静。謝承《後漢書》本傳："陳宣，字子興（《後漢書·五行志三》劉昭注補引謝承《書》無'字'字。'子興'，《御覽·地·水》［卷五九］作'子興'，同書《休徵·地》［卷八七三］作'子建'），沛國（治所是相縣，今安徽濉溪縣西北）蕭（今安徽蕭縣）人也。剛猛性毅，博學，明《魯詩》（兩漢時爲《詩經》作傳的有四家，魯國人申培所作的稱《魯詩》。漢諸侯國魯國治所是魯縣，即今山東曲阜，轄境約當今曲阜、滕縣、泗水等地）。遭王莽篡位，隱處不仕。光武即位，徵拜諫議大夫。建武十年（34），雒水出造津，城門校尉欲奏塞之。宣曰：'昔周公卜雒以安宗廟，爲萬世基，水不當入城門。如爲灾異，人主過而不可辭，塞之無益。昔東郡金堤大決，水欲没郡，令（附郭縣令）、吏、民散走；太守王尊……住立不動，水應時自消。尊，人臣，尚修正弭灾；豈况朝廷中興聖主，天所挺授（選拔出來並授之以帝位），水必不入。'言未絶，水去。上善其言。後乘輿（舊指帝王所用的車，也代指帝王。乘，shèng）出，宣列引在前，行遲，乘輿欲驅，鈎（古兵器之一，這裏指以鈎來鈎拉或撞擊）宣車蓋使疾行，御者墮車下（乘輿的御者因用力過猛而掉下車）。宣前諫曰：'王者承天統地，動有法度，車則和鸞（古代車馬上的鈴鐺，掛在車前橫木上的叫作"和"，掛在車架上的叫作"鸞"。用以提醒注意，保持車馬緩行），步則珮玉（古時貴族身上必佩帶玉器，也是用以提醒注意，保持步履雍容），動静應天。昔孝文（漢文帝劉恒）時，邊方有獻千里馬者，還而不受。陛下宜上稽（稽考）唐、虞（唐堯、虞舜），下以文帝爲法。'上納其言，遂徐行按轡。遷爲河堤謁者（即都水使者，掌管河渠、津樑、堤堰等事），以病免（免官），卒於家。"

李　善[一]

李善，字次孫，南陽人也。本同縣李元蒼頭。[1]建武中，元家死没，唯孤兒續始生[二]，善親自哺養。[2]［後］世祖拜善及續並爲太子舍人[三]。[3]善顯宗時辟公府。[4]以能治劇，再遷日南太守。[5]從京師之官，

道經南陽李元冢。未至一里，乃脱服，持劍去草。及拜墓，哭泣甚悲，身炊爨，自執俎鼎以修祭。[6]《太平御覽》卷五百五十八

【譯文】

李善，字次孫，南陽人。他本來是同縣人李元的奴僕。建武年間，李元全家死去，只剩下一個孤兒李續，剛剛生下不久。李善就自己哺養孤兒。後來光武帝任命李善、李續兩人都爲太子舍人。明帝的時候，李善被中央機構徵召。因爲他能處理繁重難辦的政務，不止一次受到遷調，第二次遷調是任日南太守。從京師前往上任，路過南陽境李元的墳墓。在到達一里之前，他就脱去公服，執劍砍去叢生的野草。及至在墓前行禮，他很悲傷地哭泣，親自蒸煮祭品，捧持盛祭品的禮器，虔誠鄭重地進行祭祀。

【注釋】

〔1〕蒼頭：也作“倉頭”。古代的私家奴僕。《漢書·鮑宣傳》“蒼頭廬兒，皆用致富”顏師古注引孟康曰：“漢名奴爲蒼頭……以別於良人也。”《御覽·人事·富》（卷四七二）引《風俗通》：“河南平陰龐儉……行求老倉頭謹信屬任者，年六十餘，直二萬錢，使主牛馬耕種。”

〔2〕建武：東漢光武帝劉秀年號，公元25—55年。

〔3〕世祖：光武帝。太子舍人：太子屬員，負責輪值宿衛等事。

〔4〕顯宗：見上《陰嵩》事補二注。辟（bì）：徵召，受徵召於。公府：三公之府，封建時代用以指中央政權一級機構。

〔5〕劇：繁難。日南：郡，屬交州刺史部，治所是西卷，在今越南社會主義共和國廣治西北。

〔6〕炊爨（cuàn）：燒火煮飯。俎（zǔ）：古代祭祀時陳放牲畜的禮器，形狀如木几。鼎：古炊器。修：整治。

【校記】

〔一〕《御覽·禮儀·冢墓》引有此文。文前有“《楚國先賢傳》曰”六字。《説郛》本、《大觀》本也均有此文。

〔二〕元家死没唯孤兒續始生：《説郛》本、《大觀》本“唯”均作“産”，點句爲“元家死没産，孤兒續始生”，顯然有誤，故改。

〔三〕〔後〕世祖拜善及續並爲太子舍人：李善、李續並爲太子舍人，至少是李續長成爲少年以後的事，因而句前增“後”字。

【事補】

其一，李善作爲李元家内的奴僕之一，在對孤兒的同情與愛護中，堅持了他所力行的奴僕道德；同時，事情的經過又顯示了當時奴僕與奴僕主人的一場階級鬥爭。《東觀漢紀》本傳：“建武中，疫病，元家相繼死没，惟孤兒續始生數旬，而有資財千萬。諸奴私共計議，欲謀殺續，分財産。乃潛負逃亡，隱山陽（漢景帝劉啓分梁國時，分出山陽國，後改爲郡，治所是昌邑，今山東金鄉西北；東漢轄境約當今山東金鄉、鉅野、嘉祥、魚臺、鄒縣、兗州等地）瑕丘（今兗州東北）界中，親自哺養，乳爲生溳（dòng，乳汁）。續孩抱（即幼兒，指其需人抱持），奉之（指李善事奉李續）不異長君（成年的主人），有事長跪請白（請示、稟告），然後行之。閭里（鄉鄰）感其行，皆相率修義。續年十歲，善與歸本縣，修理舊業（整治舊有産業）。告奴婢於長吏（指地位較高的縣内官員。‘長’，zhǎng），悉收（逮捕）殺之。時鍾離意（光武帝、明帝時官員，能體恤人民疾苦，並敢於諫静，官至尚書）爲瑕丘令，上書薦善行狀。”（《後漢書·獨行》本傳“疫病”作“疫疾”；“諸奴”作“諸奴婢”；“分財産”作“分其財産”，並有“善深傷李氏而力不能制”十字；“乃潛負逃亡”作“乃潛負續逃去”；“乳爲生溳”後有“推燥居濕，備嘗艱勤”八字；“續孩抱”作“續雖在孩抱”；“上書薦善行狀”後有“光武詔拜善及續並爲太子舍人”十三字。）

其二，李善赴任道經南陽的其他情況。《後漢書》：“從京師之官，道過淯陽（南陽郡的屬縣，因在淯水即白河之陽而得名，今河南南陽境。淯，yù），過李元冢。……持鋤去草”；“執鼎俎以修祭祀。垂泣曰：‘君夫人（指主人和主母），善在此。’盡哀，數日乃去。”

其三，李善爲官，較能愛護人民。《後漢書》：“再遷日南太守。……到官，以愛惠爲政，懷來（使内心歸向）異俗（風習不同的民族）。遷九江太守，未至，道病卒。”

黄　香[一]

黄香，字文强，江夏人。[1]博覽傳、記，群書無不涉獵。[2]京師號曰"天下無雙，江夏黄香"。

【譯文】

黄香，字文强，江夏人。他廣泛閲讀闡釋經義、記述人與事的著作，各種書籍没有不瀏覽的。京城的人稱他爲"天下無雙，江夏黄香"。

【注釋】

〔1〕江夏：郡，漢高祖劉邦時置。治所是西陵，今湖北新洲西。

〔2〕傳、記：闡釋經書義理、記載人的活動與事物情狀的文字、書册。涉獵：瀏覽。《漢書·賈山傳》"涉獵書記"顏師古注："涉，若涉水；獵，若獵獸。言歷覽之不專精也。"

【校記】

〔一〕《説郛》本、《大觀》本均有此文。此本即《傳記》本無此文。

【事補】

其一，黄香是東漢章帝劉炟至安帝劉祜初年人。他自幼家不富裕，聰慧好學，孝於父母。《東觀漢紀》本傳："……字文强，江夏安陸（今湖北安陸北，一説今湖北雲夢）人。父况，舉孝廉（漢代選拔官吏的兩種科目，指孝子和廉潔之士，由各郡、國在所屬吏、民中薦舉。後合稱孝廉），爲郡五官掾（郡、國的屬官，五官，見上《陰嵩》事補二注），貧無奴僕。香躬執勤苦，盡心供養。冬無被（穿着）袴（指套袴），而親極滋味（却使父母儘可能吃得最好）。暑即扇床、枕，寒即以身温席。年九歲，失母，慕思憔悴，殆不免喪（幾乎不能支持到守喪期終）。鄉人稱其至孝。年十二，博覽傳、記。家業虛貧，衣食不贍（shàn，豐贍、足够）。舅龍鄉侯爲作衣被，不受。帝（指劉炟）賜香《淮南》《孟子》各一通，詔令詣（赴、前往）東觀（洛陽宮殿名，藏書之所，《東觀漢紀》就在那裏修撰）讀所未嘗見書，謂諸王曰：'此日下（指京師，意思是皇帝脚下；也可以指目前、現在）無雙江夏黃童也。'詔詣安福殿，賜錢三萬，黃、白絺（chī，細葛布）各一端。香知古今記（古今的各種記述），群書無不涉獵，兼明圖讖（西漢末和東漢時人們，特別是統治集團十分迷信和重視的一種事物，或爲圖象，或爲隱語，被認爲是吉凶的符驗或徵兆。參見下《樊英》事補一注。讖，chèn）、天官星氣（天文知識以及與之混雜在一起的占星術）、鐘律曆算（我國古代的音律和曆法。這種音律的律制爲十二律，即把一個八度分爲十二個不完全相等的半音的律制，因其第一律爲黃鐘，故稱'鐘律'。曆法把年、月、日、時按一定法則組合，以構成較長時間的計算系統，故稱'曆算'），窮極道術（古指行'道'的各種方法）。京師號曰'天下無雙國士'，瞻（聲望）重京師。"《後漢書》本傳："年十二，太守劉護聞而召之，署（題字）'門下孝子'，甚見愛敬。……遂博學經典，究精道術，能文章。"

其二，黃香在朝廷和地方任職，勤慎周密，清廉平恕，很有宦績。《東觀漢紀》本傳："拜尚書郎（在尚書臺内分曹任事的官員），嘗獨止宿臺上（尚書臺亦即尚書省内。東漢尚書省是全國行政中樞），晝夜不離省闥（tà，門）。上（指和帝劉肇）聞，善之，以香父尚在，賜臥几、靈壽杖。香拜左丞（《後漢書·百官志》'左丞主吏民章奏'，劉昭注補引蔡質《漢儀》曰：'總典臺中綱紀，無所不統。'），功滿當遷，詔書留，增秩（增加俸禄）。拜尚書，遷僕射（尚書令的副手）。……曉習邊事，每行軍調度，動得事理。上知其勤，數加賞賜。香勤力憂公，畏慎周密，每用奏議，所建畫（建議畫策）未嘗流布（傳出去）。然事[常]執平（處事平允），法常持輕，類（大抵，都）全活非一。爲魏郡（漢高祖時置。治所是鄴縣，今河北磁縣南；轄境約當今河北邯鄲大部，河南北部一部以及山東冠縣等地）太守，俗：每太守將交代，添設儲偫（也作'儲偫'。'儲偫'，儲備器物以待用。偫、偫，zhì），輒數千萬。香未入界，移敕悉出所設什器。及到，頗有，即徹（通'撤'）去。到官之日，不祭竈（舊時迷信，在竈旁供奉有竈神，認爲此神掌握一家人的禍福）求福，閉門絕客。"《後漢書》本傳：黃香被"復留爲尚書令（尚書臺首長）……遂管機務，甚見親重，而香亦只勤物務，憂公如家。十二年（和帝劉肇永元十二年，即 100 年），東平（東平國，治所是無鹽，今山東東平東；轄境約當今山東東平、汶上、寧陽等地）、清河（清河國，治所是甘陵，今山東臨清東；轄境約當今山東德州、臨清、高唐、夏津、武城，河北清河、故城等地）奏訞言卿仲遼等（講説灾異以惑衆的姓卿名仲遼者等人。訞，yāo，灾異），所連且及千人。香科別（按照法律條文予以甄別）據奏，全活甚衆"。他"在位多所薦達"，并且能够關心人民疾苦。在任魏郡太守時，"被水年饑，乃分奉禄（奉通'俸'）及所得賞賜班贍（分別賜與錢物以供養贍）貧者，於是豐富之家各出義穀，助官禀貸（施予和借給糧食。禀，lǐn，通'廩'），荒民獲全"。他後來"坐水潦事免（因發生水灾，措置未周而免官），數月，卒於家"。

其三，黃香的著作及其現存各篇。《後漢書》本傳是《文苑傳》諸傳之一，其中稱他"能文章"，"所著賦、箋（文體名，多用於向皇后、太子、諸王上書）、奏、書、令凡五篇"。他的著作實際上當不止此數。現存有《九宮賦》《天子冠頌》《責髯奴辭》等三篇，均收於《古文苑》中。後兩篇就是《後漢書》所説五篇以外的文體。《責髯奴辭》有章樵題解："寓辭髯奴，以譏世之飾容貌、滕（水向上翻涌，比喻張口放言）口舌者。"

胡　　紹[一]

耒陽胡紹，字伯蕃[二]。年十八，爲郡門下幹，迎太守許荆。[1]荆足中(亂)[風]，使紹抑之[三]。紹視荆蹠音跖下而笑，荆怒問之[四]。紹曰："見明府蹠下[有]黑子，紹亦有之，忻而故笑[五]。"[2]荆視之，果有黑子，令其從學。學八年，遂爲九真、零陵二郡太守[六]。[3]《太平御覽》卷二百五十九　《北堂書鈔》卷七十六引無"耒陽""字伯蕃"五字。

【譯文】

耒陽人胡紹，字伯蕃。他十八歲時，做郡守門下幹的差事，事奉太守許荆。許荆的脚中風抽搐，叫胡紹給他抑止。胡紹看着許荆的脚掌笑起來。許荆生氣地問爲什麼笑。胡紹説："看見您脚掌上有黑痣，我也有，感到有趣而高興，所以笑了。"許荆看看胡紹的脚掌，果然有黑痣，於是叫他跟着自己學習。胡紹學習了八年，終於歷任九真、零陵兩郡的太守。

【注釋】

〔1〕郡門下幹：郡守左右的府吏。幹，gàn。《後漢書·樂巴傳》"雖幹吏之末，皆課令習讀（規定時間、分量，督促學習有關知識）"李賢注："幹，府吏之類也。"迎：奉，服事。《孔子家語·入官》"不因其情，則民嚴（害怕）而不迎"王蕭注："迎，奉也。"含義當與此類似。許荆：東漢章帝劉炟、和帝劉肇時人，曾任桂陽郡太守，卒於官。桂陽郡治所在今湖南郴縣，轄境約當今湖南耒陽、桂東、藍山、郴縣、桂陽以及廣東韶關市、英德、連縣等地。

〔2〕中風：當指受風寒而抽筋。蹠（zhì）：脚掌。明府：對郡守的敬稱。明，賢明；府，郡守居住和處理政事的處所。黑子：黑痣。忻：同"欣"。

〔3〕遂：終於。九真：郡，秦末、漢初趙佗置。轄境約當今越南社會主義共和國清化、合静兩省及其他地區；治所在清化西北。零陵：郡，秦置。轄境約當今湖南武岡至寧遠，湘鄉至廣西桂林、陽朔等地；治所是泉陵，今湖南零陵。

【校記】

〔一〕《書鈔·設官·太守》"許荆蹠下黑子"下引有此文，文前有"《楚國先賢傳》"五字。《御覽·職官·太守》（卷二五九）及《人事·黑子》（卷三八七）均引有此文，文前有"《楚國先賢傳》曰"六字。

〔二〕耒陽胡紹字伯蕃：如此本即《傳記》本在文後所注，《書鈔》無"耒陽""字伯蕃"五字。又《御覽·人事》"胡紹"作"顧紹"。

〔三〕荆足中（虱）〔風〕使紹抑之：《書鈔》"荆足中虱"作"時足中風"，《御覽·職官》"虱"也作"風"，故改"虱"爲"風"。又《御覽·人事》無"荆足……抑之"八字。

〔四〕紹視荆蹠下而笑荆怒問之：《書鈔》無"紹""問之"三字。

〔五〕見明府蹠下〔有〕黑子紹亦有之忻而故笑：據《書鈔》，增"有"

字。又，"忻而故笑"《書鈔》作"故笑耳"；"紹亦有之"《御覽·人事》作"紹足亦有之"。

〔六〕荆視之……二郡太守：《御覽·人事》無此二十四字。

【事補】

其一，胡紹又曾任其他地方官員，爲政清簡，但對强盜很嚴酷。《類聚·職官·令長》引司馬彪《續漢書》："胡紹爲河内（郡，轄境約當今河南濟源、孟縣至安陽市、湯陰等地；治所是懷縣，今河南武陟西南）懷令，三日一視事……得一强盜，問其黨與，得數百人，皆誅之。政教清平，爲三河（兩漢時，稱河南、河東、河内三郡爲'三河'，是畿輔之地的一部分。河南郡即今河南洛陽市、鄭州市一帶；河東即今山西的西南部），表（表率）。"

其二，胡紹個人生活簡樸。司馬彪《續漢書》：他任懷令時，"十日一詣倉〔取〕俸米，於閣（側門）外炊作乾飯食之，不設釜、竈"。又，謝承《後漢書》本傳："胡邵（即紹）爲淮南（三國魏時纔改九江郡爲淮南郡，這裏當爲九江郡，秦置；漢高祖時改爲淮南國；武帝時又改郡。治所是陰陵，今安徽鳳陽西南；轄境約當今安徽合肥、蚌埠、淮南三市及和縣、滁縣等地）太守，使鈴下（隨從護衛或守門的兵卒）閣外炊，曝作乾飯，閣中不設釜、甑、竈。"

樊　英〔一〕

樊英隱於壺山〔1〕。嘗有暴風從西南起〔二〕，英謂學者〔三〕："成都市火甚盛！"因含水西向嗽之，乃令記其時日。後有從蜀郡來者，云〔2〕："是日大火，須臾大雨，〔火遂滅〕〔四〕。"〔3〕《初學記》卷二　《藝文類聚》卷二較略。

【譯文】

樊英在壺山隱居。一次，有暴風從西南吹來，樊英對他的弟子説："成都市起火，火勢很猛！"因而含水漱口向西噴去，并且叫弟子把這個日期記下來。後來，有人從蜀郡來，説："那天起了大火，一會兒下了大雨，火就滅了。"

【注釋】

〔1〕壺山：在今河南内鄉境内。《後漢書·方術》本傳"隱於壺山之陽"李賢注："山在今鄧州新城縣北。"新城在今内鄉東南。

〔2〕蜀郡：秦置，治所是成都，今四川成都市；東漢時轄境約當今成都市及其以西地區，北至松潘，南至邛崍一帶。

〔3〕須臾：片刻，一會兒。臾，yú。

【校記】

〔一〕《初學記·天·雨》"含水"下及《類聚·天·雨》均引有此文。文前均有"《楚國先賢傳》曰"六字。

〔二〕隱於壺山……從西南起：《類聚》無此十二字。

〔三〕英謂學者：《類聚》作"英忽謂學者"。

〔四〕〔火遂滅〕：《類聚》有此三字，據增。

【事補】

其一，樊英所從事的是《周易》之學，特別是讖緯之學（一種盛行於西漢末至東漢時期的、以神學迷信附會儒家經義之學。讖，以神秘的隱語形式出現的預言，其書面記録稱爲讖録；緯，附會儒家經義、宣揚神學迷信的書，其有圖象者稱爲圖緯。參見《黃香》事補一注）。他因此而有一定聲名，當時社會上也因此而頗有一些關於他具有"方術"和"占驗"本領的荒誕傳聞。《後漢書·方術》本傳："樊英，字季齊，南陽魯陽（今河南魯山）人也。少受業三輔（漢武帝太初元年，即前104年，以左、右内史和主爵都尉所轄地區改置爲三個郡級行政地區：京兆尹、左馮翊、右扶風。三者都是京畿之地，故稱'三輔'），習《京氏易》（西漢今文《易》學'京氏學'之書，京氏指京房），兼明五經（《詩》《書》《易》《禮》《春秋》五部儒家經典）。"他"著《易章句》，號'樊氏學'，以圖緯教授"；"善風角（對東、西、南、北四方和東北、西北、西南、東南四角的風進行觀察，以占卜吉凶）、星算（占星術），《河洛》

（河圖、洛書。古代儒家的迷信傳說中說，伏羲氏時龍馬出現於黃河之中，背負《河圖》，神龜出現於洛水之中，背負《洛書》，二者是所謂‘天授神物’），《七緯》（以神學迷信附會五經及《樂經》《孝經》而產生的七種緯書）、推步（推算曆法和吉凶。意指日月運行、禍福變化，好象人走路的腳步，可以推算）災異。嘗有暴風從西方起，英謂學者曰：‘成都市火甚盛。’因含水西向嗽之，乃令記其時日。客後從蜀都（成都市爲春秋、戰國時蜀國都城）來，云‘是日大火，有黑雲卒（cù，同‘猝’）從東起，須臾大雨，火遂得滅’。於是天下稱其術藝”。“英既善術”，後來有了災異，“朝廷……輒下問變復之徵（災變的平復應如何達到），所言多驗”。

其二，樊英的聲名得到官員們和皇帝的重視，因而他受到多次薦舉與徵召。他堅決不肯應徵做官，曾經引起順帝劉保的惱怒，最後不得不接受五官中郎將（參見上《陰嵩》事補二注。樊英所接受的，當是一種虛銜）的官位。但他對於讖緯之學以外的時務並無所知，不久就告歸還家。《後漢書》本傳：樊英對“州、郡前後禮請不應；公卿舉賢良方正（漢時選拔官吏的科目之一，意指有才德之士）、有道（也是科目之一，意指道德高尚者），皆不行（不前往領受）。……安帝（劉祜）時，徵爲博士（職掌古今事實的備問及書籍的典守）；至建光元年（121年，安帝年號），復詔公車（衛尉屬下的部門，其主官是公車司馬令或公車令，職掌守衛宮殿的南闕門，以及吏民上書、四方貢獻、向被徵召者提供車輛等）賜策書（帝王對臣下授爵、免官等，記其語於簡策），徵英”等六人，樊英和其中另三人“不至”。“永建二年（127年，順帝年號），順帝策書備禮，玄纁（黑、淺紅兩種染料，古代用以染製祭服，引申爲幣帛的代稱。纁，xūn）徵之，復固辭疾篤（病重）。乃詔切責郡縣，駕載（用馬拉着乘坐的車）上道。英不得已，到京，猶稱病不肯起。乃强輿（抬）入殿，猶不以禮屈（還不肯因如此隆重的禮遇而屈志）。帝怒，謂英曰：‘朕能生君，能殺君；能貴君，能賤君；能富君，能貧君。君何以慢朕命？’英曰：‘臣受命於天。生，盡其命，天也；死，不得其命，亦天也。陛下焉能生臣，焉能殺臣！臣見暴君如見仇讎（讎敵。讎，chóu），立其朝猶不可（我連立身於這樣的君主的朝廷即爲他做卿相都不肯），可得而貴乎（他怎麼能使我貴呢）？雖在布衣（平民）之列，環堵（家裏只有四面牆，形容貧窮，一無所有。堵，dǔ，牆壁）之中，晏然（安逸貌）自得，不易萬乘之尊（我連那極其尊貴的帝王都不肯與他調換地位。萬乘，一萬輛駕有四匹馬的車。周朝的制度，王畿方千里，可以出兵萬乘，後來因而用以指皇帝或帝位。乘，shèng），又可得而賤乎（他怎麼能够使我賤呢）？陛下焉能貴臣，焉能賤臣！臣，非禮之禄（不合乎儒家禮制學説的俸禄），雖萬鍾（一萬鍾糧食。鍾，古代容量單位。《左傳》昭公三年‘釜十則鍾’杜預注：‘六斛四升’）不受；若申其志（如果能使心志暢遂。申，伸），雖簞食（一小筐飯，形容貧窮，飲食菲薄。《論語・雍也》：‘一簞食，一瓢飲……不改其樂。’簞，dān，盛飯的竹器，圓形）不厭也。陛下焉能富臣，焉能貧臣！’帝不能屈，而敬其名，使出就太醫養疾，月致羊、酒。至四年（129）三月，天子乃爲英設壇、席，令公車令導（作前導），尚書奉引（敬謹陪同引見），賜几、杖（老人坐要憑几，行要扶杖），待以師傅之禮，延問得失。英不敢辭，拜五官中郎將。數月，英稱疾篤。詔以爲光禄大夫（戰國至秦及漢初的中大夫，到漢武帝時改稱光禄大夫，職掌是備顧問應對），賜告歸，令在所送穀千斛，常以八月致牛一頭，酒三斛；如有不幸（死去），祠以中牢（以豬、羊爲祭品致祭。中牢，豬、羊二牲）。英辭位不受，有詔譬旨勿聽（曉諭意旨，不接受其辭位）”。“英初被詔命，僉（qiān，衆人）以爲必不降志；及後應對，又無奇謨（計策、謀略）深策，談者以爲失望。”

其三，樊英平日爲人恭謹，很講禮貌，在家庭之内也是如此。他“嘗有疾，妻遣婢拜問，英下床答拜”。他的弟子“怪而問之。英曰：‘妻，齊也，共奉祭祀（對祖宗的祭祀），禮無不答。’其恭謹若是”。他“年七十餘，卒於家”。

黄　　尚〔一〕

黄尚，字伯可，爲司隸校尉。〔1〕［諺曰：“黄尚爲司隸〔二〕，姦慝自弭；［左雄爲尚書令，天下慎選舉。”〔2〕］《太平御覽》卷四百九十六（言其人不素食也）〔三〕。〔3〕《北堂書鈔》卷六十一

【譯文】

黄尚，字伯可，任司隸校尉之職。有諺語説：“黄尚任司隸，邪惡現象消聲

匿迹；左雄任尚書，全國認真進行選舉。"

【注釋】

〔1〕字伯可：《後漢書・周舉傳》說"尚字伯河"。"尚"有崇尚的含義，以"字伯可"爲是。爲司隸校尉：《後漢書・順帝紀》《周舉傳》《李固傳》中，未記載黄尚爲司隸校尉事，當是漏記。司隸校尉，漢武帝時始置，職掌是糾察京師百官及所轄附近各郡，與各州刺史相當。

〔2〕姦慝：邪惡的人或行爲。慝，tè。弭：mǐ，消除。左雄：漢順帝時任尚書，遷尚書令。他認真整頓選拔人才之事，積極選拔賢能，處分任意推舉不適當人選的地方官吏。

〔3〕不素食：不白喫飯。

【校記】

〔一〕《説郛》本、《大觀》本無此文。《書鈔・設官・司隸校尉》"姦慝自弭"下引有"黄尚字伯可爲司隸校尉姦慝自弭言其人不素食也"二十一字。文前有"《楚國先賢傳》云"六字。

〔二〕〔諺曰黄尚爲司隸〕姦慝自弭〔左雄爲尚書天下慎選舉〕二十二字：《御覽・人事・諺》（卷四九六）引有此文，文前有"張方賢《楚國先賢傳》曰"九字。

〔三〕（言其人不素食也）：對這七字，孔廣陶光緒十四年（1888）《校刊〈北堂書鈔〉元本序》說："'其人'句，則虞永興（虞世南晚年，唐太宗封他爲永興縣子）引申語也。"據刪。

【事補】

其一，黄尚是南郡人，曾經任大司農和司徒之職，有政績。《後漢書・順帝紀》：陽嘉三年（134）十一月，"大司農（秦時有治粟内史，漢景帝劉啓時改稱大農令，武帝劉徹時改稱大司農。掌管租税、錢穀、鹽鐵和國家財政收支）南郡（秦昭襄王二十九年即前278年置，治所是郢，今湖北江陵東北，後遷江陵；漢時轄境約當今湖北宜昌、恩施、荆州三地及襄陽的一部分）黄尚爲司徒

（漢哀帝劉欣罷去丞相，設置大司徒，與大司馬、大司空並稱三公。東漢時去
‘大’字）”；永和三年（138）八月，“司徒黃尚免”。同書《周舉傳》：“尚，
字伯河，南郡人也。少歷顯位，亦以政事稱。”

　　其二，黃尚在朝爲官，支持正確意見，救助正派人物，執行法紀，爲人們
所敬服。《周舉傳》：“永和元年（136），灾異數見”，順帝認爲這是由於“北鄉
侯（安帝劉祜的閻皇后無子，她毒死生皇子劉保的宮人李氏，又於安帝立保爲
太子以後，向安帝説壞話，促使廢太子保爲濟陰王。安帝死，她與兄閻顯等立
濟北惠王劉壽之子北鄉侯懿爲少帝，並誅戮異己。少帝數月即死，宦官孫程等
殺閻顯，奉濟陰王爲帝，即順帝）親爲天子而葬以王禮”所致，“宜加尊禮”
以作禳解。“群臣議者多謂宜如詔旨”，周舉獨自提出異見，説：“灾眚（灾異
與疾苦。眚，shěng）之來，弗由此也。”“於是，司徒黃尚……等七十人同舉
議（同意並支持周舉的意見）。帝從之。”陽嘉二年（133），順帝向公卿們所薦
舉的有才德之士問時政的弊端和應採取的措施，李固的對策爲他所嘉許。《後漢
書·李固傳》：“順帝覽其對，多所納用……以固爲議郎。而阿母（順帝的乳
母，姓宋）、宦者疾（嫉恨）固言直，因詐飛章（捏造告急變的奏章）以陷其
罪，事從中下（不經過尚書省，直接交司法部門使治李固的罪）。大司農黃尚
等請之於大將軍梁商（順帝梁皇后之父），又僕射黃瓊救明（爲之辨明，以進
行救助）固事，久乃得拜議郎（好久以後纔得實現任命李固爲議郎之事）。”當
黃尚任司隸校尉時，他能夠使衆人心服。《書鈔》“姦慝自弭”下，又引郭仲產
《南雍州記》云：“黃尚爲司隸，咸服也。”

孫　雋[一]

　　孫雋，字(元)［文］英[二]。[1]與李元禮俱娶太尉桓(叔元)［爲］
女[三]。[2]時人謂桓公叔元兩女俱乘龍[四]，言得聓如龍也[五]。[3]《北堂書
鈔》卷八十四。《御覽》卷五百四十一

【譯文】

　　孫雋，字文英。他和李元禮都娶太尉桓焉的女兒爲妻。當時的人們説，桓

公叔元的兩個女兒都乘了龍，意思是說選得的女婿都好像龍那樣優異出衆。

【注釋】

〔1〕孫雋："雋"在這裏讀 jùn，俊秀、英俊的意思；所以以"文英"爲字。而"儁"是"俊"的異體字，當是孫雋有時又署名爲"儁"。

〔2〕李元禮：李膺，字元禮。東漢桓帝劉志時，爲河南尹、司隸校尉。執法不阿，糾罰佞幸、姦邪、豪强，因而不止一次被誣陷、免官。靈帝劉宏時，下獄冤死。太尉桓焉：桓焉，字叔元。《後漢書》本傳説他"明經篤行……弟子傳業者數百人"，曾經"入授安帝"。"順帝即位，拜太傅"，"永和五年（140），代王龔爲太尉"。

〔3〕乘龍：乘坐於龍上，龍指女婿，比喻其優異出衆。與蕭史乘龍的傳説意思有所關聯而不等同。校記一所引《能改齋漫録》説："潘子真《詩話》云，杜子美詩'門闌多喜色，女婿近乘龍'（指杜甫《李監宅》。門闌，門户及門口的栅門，比喻門下賓客或吏人）爲誤，引《楚國先賢傳》：'孫儁，字文英。與李元禮俱娶太尉桓延（應爲桓焉）女，時人謂桓叔元兩女乘龍。故宋景文公（北宋文學家宋祁謚號）詩亦云：'……擇婿女乘龍'，俱用此事。余嘗以潘子真之論爲非。蓋景文所用，乃是此事。至杜子美詩'女婿近乘龍'，蓋用《太平廣記·蕭史傳》所謂'弄玉乘鳳，蕭史乘龍'（《太平廣記·神仙四·蕭史》説，蕭史善吹簫，秦穆公的女兒弄玉也善吹簫。穆公把弄玉嫁給蕭史。蕭史教弄玉作鳳鳴，鳳凰來止其屋。一天，'弄玉乘鳳，蕭史乘龍，升天而去'，是一美麗的傳説）者是也。"

【校記】

〔一〕《書鈔·禮儀·婚禮》（卷八四）"得聓（xù，同'婿'）如龍"下引有此文。文前有"《楚國先賢傳》"五字。《御覽·禮儀·婚姻》（卷五四一）也引有此文，文前有"《楚國先賢傳》曰"六字。《説郛》本、《大觀》本均有此文。《類聚·禮·婚》也引有此文，文前有"《楚國先賢傳》曰"六字。《初學記·鱗介·龍》（卷三〇）"兩婿"下，顯然是此文的殘文與其他文字屬雜在一起者："《魏志》：……又曰：'黄尚爲司徒，與李元禮俱娶太尉桓温女，時人謂桓叔元兩女俱乘龍，言得婿之如龍。'"《能改齋漫録·辨誤·女婿乘龍》（卷三）也轉引有此文，文前有"潘子真《詩話》……引《楚國先賢傳》"等字。

〔二〕孫隽字（元）〔文〕英："隽"，《類聚》《御覽》《漫録》作"儁"；《説郛》本、《大觀》本誤作"携"。"字（元）〔文〕英"，《類聚》《御覽》《漫録》及《説郛》本、《大觀》本均作"字文英"，故改。

〔三〕太尉桓（叔元）〔焉〕女：《類聚》《御覽》及《説郛》本、《大觀》本"叔元"均作"焉"，據改。《初學記》作"温"，《漫録》作"延"，均誤。

〔四〕桓公叔元兩女俱乘龍：除《書鈔》及此本即《傳記》本外，各本均無"公"字。《漫録》無"俱"字。

〔五〕言得聟如龍也：除《書鈔》及《傳記》本外，各本"聟"均作"婿"。《初學記》"如龍"前有"之"字，"如龍"後無"也"字。

孫　　敬〔一〕

孫敬〔好學〕。到洛〔二〕，在太學左右一小屋安止母，然後入學。[1]編楊柳簡以（爲《經》本）〔寫《經》文，晨夕誦習之〕〔三〕。[2]《文選·任彦昇〈爲蕭揚州薦士表〉》注精（力）〔勤〕過人〔四〕，〔時欲寢寐，奮志懸頭至屋梁〔五〕以自課〕。[3]〔常〕閉户、牖〔六〕，太學謂曰"閉户生"〔七〕。[4]入市，市人相語"閉户生來"，不忍欺也。《文選》任彦昇《策秀才文》注

【譯文】

孫敬熱愛學習。他與母親到首都洛陽後，先在太學附近的一個小屋裏安頓了母親，然後入太學讀書。他買不起紙張，就編聯楊柳木簡，用以鈔寫《經》文，每天日夜誦讀學習。他專心致志，精到深入，勤苦爲學，超過他人。有時太疲倦了，想打個盹休息一會，却又奮發勵志，把頭髮吊到屋梁上，督促自己按照應有的學習内容與分量及時完成學習計劃。他常常關閉門窗讀書，（避免外面事物的干擾），因而太學裏稱他爲"閉户生"。他走在街市内，那裏的商賈人等就互相告語説，"閉户生來了"，不忍心欺哄他。

【注釋】

〔1〕太學：古代的大學，也稱國學。相傳虞設"庠"，夏設"序"，殷設"瞽宗"，周設"辟雍"。漢武帝劉徹元朔五年（前124），置太學，立五經博士，以爲封建國家造就人才，是西漢設立全國最高學府之始。到了東漢，太學生人數有很大的增加。

〔2〕簡：削製竹、木成爲狹長的片，可以用細繩編聯在一起并卷起來，是戰國至魏晋時期的書寫材料。東漢有紙的發明後，竹、木簡逐漸爲紙所代替。

〔3〕寤寐：指假寐，打盹休息。寤，wù；寐，mèi。課：督促按規定的内容和分量完成任務。

〔4〕牖：yǒu，窗。

【校記】

〔一〕《御覽·學·勤學》（卷六一一）、同書《文·簡》（卷六〇六）、《文選》任昉《爲蕭揚州薦士表》"編蒲集柳"李善注、同書任昉《天監三年策秀才文》"閉户自精（獨自深到而專一地用功）"李善注以及《書鈔·藝文·好學》"編柳爲簡"下均有此文的片段，文前并均有"《楚國先賢傳》曰"六字。這裏是把上述三書中的五個片段，以《文選》注所引的兩個片段爲主，聯綴而成此文。"傳記"本轉引的四個片段如下：一、"孫敬好學。時欲寤寐，奮志懸頭屋梁以自課。常閉户，號'閉户先生'。"（《太平御覽》卷六百十一）二、"孫敬入學，閉户、牖，精力過人。太學謂曰'閉户生'。入市，市人相語'閉户生來'，不忍欺也。"（《文選》任彥昇《策秀才文》注）三、"孫敬到洛，在太學左右一小屋安止母，然後入學。編楊柳簡以爲經。"（《文選》任彥昇《爲蕭揚州薦士表》注）四、"孫敬編楊柳簡以爲經本，晨夕誦習之。"（《北堂書鈔》卷九十七）"傳記"本未轉引的一個片斷，即《御覽·文·簡》所引的片斷，與《書鈔》所引同，但無"楊""之"二字，"爲"作"寫"。其中，"奮志懸頭屋梁"，《御覽·學·勤學》實作"懸頭至屋梁"；"精力"的"力"當是"勤"；"閉户生"較"閉户先生"切合孫敬的太學生身份；"以爲《經》本"當是"以寫《經》文"。

〔二〕孫敬［好學］到洛："孫敬好學"是可以概括全文的，故據《御覽·學·勤學》增"好學"二字於《爲蕭揚州薦士表》注所引片斷中。

〔三〕編楊柳簡……［晨夕誦習之］："（爲《經》）"及"（本）"，當是"［寫《經》］"及"［文］"，故改。"［晨夕誦習之］"，據《書鈔》《御覽·文·簡》增。

〔四〕精（力）［勤］過人："力"當是"勤"，故改。

〔五〕［奮志懸頭至屋梁］："奮志"二字雖未見於《御覽·學·勤學》所引，但可以更充分地表達當時情景，故保留。"至"字，據《御覽》增。

〔六〕［常］閉户牖：據《御覽》，增"常"字。

〔七〕"閉户生"，較"閉户先生"更貼切，故不依《御覽·學·勤學》作"閉户先生"。

【事補】

孫敬字文質。《類聚·雜文·讀書》（卷五五）："《後漢書》曰：'孫敬，字文質。好學。閉户讀書，不堪其睡，乃以繩懸之屋梁。人曰'閉户先生'（當作'閉户生'，見校記七）。"這當是《後漢書》或謝承、華嶠、謝沈、袁山松、失名氏分別所寫《後漢書》、以及司馬彪《續漢書》、張璠《漢記》諸書中某一書的佚文。現諸書或其輯本中無此文。

董　　班^[一]

董班，字季^[二]，宛人也。^[1]少遊太學，宗事李固。^[2]才高行美，不交非類。^[3]嘗耦耕澤畔，惡衣蔬食。^[4]聞固死，乃星行奔赴，哭泣盡哀。司隸案狀奏聞，天子釋而不罪。班遂守尸積十日不去。桓帝嘉其義烈，聽許送喪到漢中，赴葬畢而還也。^[5]《後漢書·李固傳》章懷太子賢注

【譯文】

董班，字季，宛縣人。青年時期在太學讀書，宗奉並服事李固。才學高超，

品行醇美，不和行爲不端的人相交接。他曾經與另一耕者結伴在湖沼岸邊並肩耕地。穿的很不好，吃的是青菜。聽説李固被殺，就迅速前往，盡其哀傷之情地哭泣。司隸校尉瞭解了他的各方面情况，上奏桓帝。桓帝指示不必抓他，不必治他的罪。於是他堅持守護着李固的尸體，達十天之久，還不肯離去。桓帝嘉許他勇烈尚義，準他送喪到李固家鄉漢中，他參與安葬完畢纔回來。

【注釋】

〔1〕字季：字，一般都用兩個字。但古人的字也有用一個字的，除董班外，還有屈原、劉邦等。《史記·屈原賈生列傳》："屈原者，名平。""原"是其字。同書《高祖本紀》："高祖……姓劉氏，字季。"

〔2〕太學：見上《孫敬》注1。李固：東漢中、後期正直的高級官員之一。《後漢書》本傳説他"少好學，常步行尋師，不遠千里。遂究覽墳籍（傳説中的我國古書《三墳》《五典》等書），結交英賢"。順帝劉保時，上書直陳外戚、宦官專政之弊，參見上《黄尚》事補二。曾經任議郎、縣令。"永和（順帝年號，136—141年）中，荆州盗賊起"，又"太山（當作'泰山'，郡治所是奉高，今山東泰安、萊蕪之間；轄境約當今上述兩縣及沂源、新泰、蒙陰、費縣等地）盗賊屯聚歷年"，李固先後任荆州刺史、太山太守，"赦寇盗前釁（瑕隙，過錯），與之更始（共同除舊布新）"，或"悉罷遣歸農，但選留任戰者百餘人，以恩信招誘之"。不久，任將作大匠（秦時稱將作少府，漢景帝劉啓時改稱將作大匠。職掌宫室、宗廟、陵寢等的營建）、大司農（見上《黄尚》事補一注）。"及冲帝（劉炳）即位，以固爲太尉，與梁冀參録（共同參與總領）尚書事。明年帝崩，固以清河王蒜年長有德"，可以繼位；梁冀認爲不好操縱，"不從，乃立樂安王子纘，年八歲，是爲質帝"。質帝聰慧，梁冀"恐爲後患"，把他鴆死。"固伏尸號哭，推舉（指查究）侍醫。冀慮其事泄，大惡之。"李固與其他大臣一起，再次主張以"明德著聞"的清河王劉蒜繼位；梁冀"愈激怒，乃説（shuì，勸説别人，使聽從自己意見）太后先策（見上《樊英》事補二注）免固，竟立蠡吾侯（梁冀妹的未婚夫劉志），是爲桓帝"。一年多後，李固被下獄，許多人爲他申訴，梁太后"乃赦焉。及出獄，京師市里皆稱萬歲（歡呼的意思）。冀聞之大驚"，就殺害了"年五十四"的李固。

〔3〕非類：這裏指行爲不端的人。

〔4〕耦耕：兩人各持一具耒耜，並肩而耕。耦，ǒu。

〔5〕送喪到漢中：李固家在漢中南鄭。漢中，郡，秦置。轄境約當今陝西南部和湖北西北部。東漢時治所是南鄭，今陝西漢中。

【校記】

〔一〕《後漢書·李固傳》"南陽人董班亦往哭固，而殉尸不肯去"李賢注引有此文。文前有"《楚國先賢傳》曰"六字。《說郛》本、《大觀》本無此文。

〔二〕董班字季：《後漢書》注所引實作"班字季"，無"董"字。

【事補】

董班堅持守護李固的尸體，哪怕自己有死的危險，也不中止。他終於被允許把尸體送往漢中安葬，並因此出了名，被徵召做官。他不應徵，隱遁到不知什麼地方去了。《後漢書·李固傳》："固弟子汝南（郡，漢高帝四年即前203年置。轄境約當今河南東南部和安徽阜陽；治所是平輿，今河南平輿西北）郭亮，年始成童（李賢注：'年十五也'）……乞收固尸。不許，因往臨哭（哭吊死者。臨，lìn），陳辭（訴說哀悼之辭）於前，遂守喪不去"；"南陽人董班亦往哭固，而殉尸不肯去（堅守尸體，悉心保護，雖犧牲性命，在所不惜）。太后憐之，乃聽得襚（suí，給死者穿衣）斂（liàn，通'殮'，給死者穿衣並把尸體放進棺材）歸葬。二人由此顯名，三公（周朝指司馬、司徒、司空，或太師、太傅、太保。西漢指丞相、太尉、御史大夫，後分別改稱大司徒、大司馬、大司空。東漢指太尉、司徒、司空。三公是共負軍、政大事之責的最高官員）並辟（共同選拔某人為官）。班遂隱身，莫知所歸。"

黃　琬〔一〕

黃琬，遷侍中、尚書，奏："太尉樊(梭)[陵]〔二〕、司徒許相，竊位懷祿。〔1〕禮義廉恥，國之本也。〔2〕苟非其選，飛（準）[隼]〔三〕在墉，為國生事。^[3]此猶負石救溺，不可不（救）［察］也^[四]。"^[4]《北堂書鈔》卷一百六十

【譯文】

黃琬，先後調升侍中、尚書。他向皇帝奏陳："太尉樊陵和司徒許相，竊居高位，唯以爵祿爲心。禮義廉恥，是維繫國家的根本。如果朝廷重臣的人選不當，就是把疾飛的猛禽置於高墻之內，必然給國家惹事生非。這種情況也就如同下水拯救溺水的人，却背上背着石塊那樣，是不可不注意察知的。"

【注釋】

〔1〕侍中：見上《陰興》事補一注。尚書：戰國時始置的官職，也稱掌書。尚，執掌。秦時爲少府屬官。漢武帝提高皇權，尚書之職因在皇帝身邊掌管文書、章奏，地位逐漸重要。成帝劉驁時，設尚書四人，分曹辦事，後又增至六人。東漢時，正式成爲協助皇帝處理政務的官員。尚書令是其首腦，直接對君主負責，總攬一切政令。樊陵：《後漢書·靈帝紀》記載，中平五年（188）五月，"樊陵爲太尉"；六月，"太尉樊陵罷"。六年（189）二月，靈帝劉宏死。八月，宦官張讓等殺大將軍（戰國時始置的官職。兩漢時期沿用，爲將軍的最高稱號，職掌統兵爭戰。事實上大都由外戚的重要人物擔任，掌握全國政權）何進，以樊陵爲司隸校尉。袁紹等舉兵殺諸宦官和樊陵。司徒：見上《黃尚》事補一注。許相：《靈帝紀》記載，中平四年（187）五月，"司空（西周時始置的官職，掌管工程之事。漢成帝改御史大夫爲司空，職掌內容不同）許相爲司徒"；五年八月，"司徒許相罷"。宦官張讓等殺何進，以許相爲河南尹（東漢首都洛陽及其附近若干縣的長官）。袁紹等舉兵殺諸宦官，許相同時被殺。

〔2〕禮義廉恥：古指貴賤尊卑之分、事之宜、正邪善惡之別以及知恥。《管子·牧民》："國有四維（繫物的大繩，比喻一切賴以固定的基礎之物）……何謂四維？一曰禮，二曰義，三曰廉，四曰恥"；"四維張（伸張，實行），則君令行"，"四維不張，國乃滅亡"。

〔3〕飛隼在墉：猛禽在墻內飛撲。隼，sǔn，凶猛的禽鳥之一種，飛翔迴

旋極速，也稱"鷂"。墉，yōng，高墙，城墙。

〔4〕負石救溺：比喻會把事情弄得更壞。《孔叢子·陳士義》："抱石以救溺，愈不濟矣。"

【校記】

〔一〕《書鈔·地·石》引有此文，文前有"張方《楚國先賢傳》曰"八字。《説郛》本、《大觀》本無此文。

〔二〕樊（棱）〔陵〕：據《後漢書·靈帝紀》，"棱"改爲"陵"。

〔三〕飛（準）〔隼〕："準"誤，故改。

〔四〕不可不（救）〔察〕也："救"，《書鈔》實作"察"，據改。

【事補】

其一，黄琬自幼聰明多知，敏於思考應對。《後漢書·黄瓊傳》附傳："琬，字子琰（yǎn）。少失父。早而辯慧（聰明有辯才）。祖父瓊，初爲魏郡（見上《黄香》事補二注）太守，建和元年（桓帝劉志年號，147 年）正月日食，京師不見，而瓊以狀聞。太后（順帝梁皇后，其時爲太后，執政，信任兄大將軍梁冀，權勢極大，幾年後她將病死，纔歸政於桓帝）詔問所食多少，瓊思其對而未知所況（比喻其狀況）。琬年七歲，在旁，曰：'何不言日食之餘，如月之初（這是一個恰當而又巧妙的比喻。不惟形象切合；而且在以日、月比喻帝、后的當時情況下，避免了因説得不當而獲禍）？'瓊大驚，即以其言應詔，而深奇愛之。後瓊爲司徒，琬以公孫（三公之孫）拜童子郎（年紀小的郎官），辭病不就（托詞有病辭去不受），知名京師。時司空盛允有疾，瓊遣琬候問。會（恰值）江夏（見上《黄香》注1。這裏指江夏郡太守）上蠻賊事（上報當時少數民族間或發生的反抗活動情況。'蠻賊'是封建統治階級所作的蔑稱）副府（以副本呈三公之府），允發書視畢，微戲（對之稍作調侃）琬曰：'江夏大邦，而蠻多士少。'琬奉手（捧手，表示禮貌和鄭重）對曰：'蠻夷猾夏（古代指四方少數民族對中原地區進行擾亂。猾，huá，擾亂。夏，古代的中國或中原地區，以及那裏的居民），責在司空。'因拂衣（表示不悦）辭去。允其奇之。"

　　其二，黃琬在朝任職，注意選拔寒素的有才德之士，反對有錢有勢者的子弟攀緣幸進，因而遭到不許再做官的處分。《黃瓊傳》附傳：黃琬"稍遷（逐漸升遷到某職）五官中郎將（見上《樊英》事補二注）。時陳蕃（東漢末年正直的高級官員之一。在地方和朝廷任職時，多次因不向權貴低頭或爲其他正直官員辯護而被降職或調開。後來曾經任太尉，反對宦官專權亂政，爲太學生所敬重。靈帝時，爲太傅，與竇武等謀誅宦官。宦官殺竇武。陳蕃不顧自己年老，率領屬下和太學生與宦官作鬥爭，被殺害），爲光祿勳（見上《陰嵩》事補二注），深相敬待，數與議事。舊制，光祿舉三署郎（薦舉五官、左、右三署的郎官）……時權富子弟多以人事得舉，而貧約守志者（貧困而堅守志節的人。約，緊縮，引申爲貧困）以窮退見遺（因寒素謙退而被遺棄）。京師爲之謠曰：'欲得不能，光祿茂才（秀才，避光武帝劉秀諱改稱）。'於是，琬、蕃同心，顯用志士……遂爲權富郎所傷"，陳蕃被免官，黃琬被"禁錮（取消再做官的資格）"。

　　其三，黃琬受"禁錮"多年，纔又被徵召，任以官職。他與凶暴的權臣董卓不合，被免官。後來，又出來任職，與王允等合謀誅董卓。董卓手下的李傕（jué）等稱兵爲亂，黃琬被殺害。《黃瓊傳》附傳："琬被廢棄幾二十年。至光和（靈帝年號，178—183年）末，太尉楊賜上書薦琬有撥亂之才，由是徵拜議郎，擢爲青州（漢武帝所置的十三刺史部之一。轄境約當今山東北部和東北部。東漢時治所是臨菑，今山東淄博市臨淄北。菑，zī）刺史，遷侍中。"中平（也是靈帝年號，184—189年）年間，"爲豫州（漢武帝所置的十三刺史部之一。東漢時轄地約當今河南登封、太康、商丘市及其以南，淮河以北，以及安徽北部大部地區；治所是譙縣，今安徽亳縣）牧（成帝劉驁時，曾經改刺史爲州牧；哀帝劉欣時一度復稱刺史，不久仍稱州牧。東漢初又稱刺史。到靈帝時，再次改稱州牧，並改變過去官階不及郡守的監察官的性質，官階提升到郡守之上，掌握一州軍政大權，以鎮壓當時的農民起義），政績爲天下表（見上《胡紹》事補一注），封關內侯（見上《陰興》事補一注）"。當時豫州各郡的農民起義，被黃琬"討擊平之"。漢獻帝劉協時，"董卓秉政，以琬名臣，徵爲司徒，遷太尉，更封陽泉鄉侯。卓議遷都長安，琬與司徒楊彪同諫，不從"。黃琬堅持駁議，指出遷都的不適當，因此被免官。"卓猶敬其名德舊族（有著名的德望，並屬於世代爲大官的家族），不敢害。後與楊彪同拜光祿大夫（戰國時

有中大夫。漢武帝時改稱光禄大夫，職掌是顧問、應對，屬光禄勛，無定員，
一説三員。光武帝時已改稱諫議大夫，這裏當是以舊稱稱之），及徙西都（長
安），轉司隷校尉。與司徒王允同謀誅卓。及卓將李傕、郭汜攻破長安，遂收
（逮捕）琬下獄死，時年五十二”。

陰　　循[一]

陰循，字元基[二]，南陽新野人也。《後漢書·袁紹傳》章懷太子賢注

【譯文】

陰循，字元基，是南陽新野人。

【校記】

〔一〕《後漢書·袁紹傳》“卓乃遣大鴻臚韓融、少府陰循、執金吾胡母班……
譬解紹等諸軍。紹使王匡殺班、璋、吳循等，袁術亦執殺陰循”李賢注引有此
文。文前有“《楚國先賢傳》曰”六字。《説郛》本、《大觀》本無此文。

〔二〕陰循字元基《三國志·魏志·袁紹傳》“紹使河内太守王匡殺之”裴
松之注：“謝承《後漢書》曰：‘班，王匡之妹夫……班與匡書云：僕與太傅馬
公、太僕趙岐、少府陰修俱受詔命。’”《七家後漢書·謝承〈後漢書·袁紹
傳〉》同此。（上引《後漢書》“卓乃遣……執殺陰循”李賢注，同時又引有謝
承《書》所引胡母班與王匡書，内未引此句）。又，《資治通鑒·漢紀·獻帝初
平元年》：“董卓遣大鴻臚韓融、少府陰修、執金吾胡母班……袁術亦殺陰修。”
據此，陰循、陰修是同一人。陰循與陰修，哪一個爲是？他字元基，“基”有
基礎、根本的含義，“循”有遵循的含義，“修”有修治的含義。當以“循”爲
近於“基”。又，《商君書·開塞》“修今則塞於勢”，其中“修今”的“修”，
一説當作“循”，是由“循”訛爲“脩”的。而“脩”是“修”的异體字。從
這些來看，當仍以“循”爲較妥。

【事補】

其一，陰循在漢獻帝劉協初年任少府時，董卓專權，袁紹等起兵討董卓。董卓派陰循前往袁紹的堂弟袁術那裏勸說，使罷兵，陰循被袁術殺掉。《後漢書·袁紹傳》：“董卓聞紹起山東（戰國、秦、漢時期，稱崤山或華山以東爲山東，含義同‘關東’。關，函谷關），乃誅紹叔父隗（袁隗當時任太傅。隗，kuí）及宗族在京師者，盡滅之。卓乃遣大鴻臚（原稱典客，職掌接待少數民族；漢武帝時改稱大鴻臚，是九卿之一。後來職掌逐漸變爲贊襄禮儀）韓融、少府（戰國時始置。秦、漢爲九卿之一，職掌山、海、池澤收入和皇室手工業製造。東漢時，職掌宮中御衣、寶貨、珍饈之類）陰循、執金吾（見上《陰嵩》事補二注）胡母班（複姓‘胡母’，名‘班’）、將作大匠（職掌宮室、宗廟、陵寢及其他土木營建）吳循（《資治通鑑》作吳修）、越騎校尉（兩漢時以我國南部少數民族百越人組成的騎兵部隊的將領）王瓌（guī）譬解（進行曉喻，使停止活動）紹等諸軍。紹使王匡殺班、瓌、吳循等，袁術亦執殺陰循，惟韓融以名德（著名的有德者）免。”陰循等人不見得是擁護董卓，但他們是一些較有名的官員，并且持有的是地方不可稱兵以向朝廷的主張，因而董卓利用他們去“譬解”袁紹諸軍。他們的被殺，是袁紹等極其憤恨董卓的結果。董卓不把尚在幼年的漢獻帝看在眼裏，又把袁紹的叔父殺掉，并且無惡不作，他派出的說客，被殺是必然的。胡母班被殺前寫給王匡的信，表達了包括陰循在內的這些官員對當時情勢的看法：“……擲鼠忌器，器猶忌之。況卓今處宮闕之內，以天子爲藩屏（‘擋箭牌’），幼主在宮，如何可討？”“僕與董卓有何親戚，義豈同惡？而足下……恚（huì，憤恨，怨恨）卓，遷怒，何其酷哉！”

其二，陰循曾經任潁川太守，很注意表彰、提拔人才。《三國志·魏志·鍾繇（yóu）傳》“舉孝廉”裴松之注：“謝承《後漢書》曰：‘南陽陰修爲潁川（郡。轄地約當今河南許昌以及平頂山、登封等地；治所是陽翟，今禹縣。翟，dí）太守，以旌賢擢俊（表彰才德之士，拔擢俊杰人才。旌，jīng）爲務，舉五官掾（見上《黃香》事補一注）張仲方正（兩漢選拔人才的科目之一，指爲人端方正直者）、察（考察後予以舉薦）功曹（職掌考核官吏政績）鍾繇、主簿（職掌典領文書、辦理文案等事務）荀彧（yù）……爲吏，以光國朝（爲本朝增加光輝）。”

龐德公[一]

　　鄉里舊語，目諸葛孔明爲臥龍，龐士元爲鳳雛，司馬德操爲水鏡，皆德公之題也[二]。[1]

【譯文】

　　鄉鄰們中間久已形成這樣的説法，即把諸葛孔明、龐士元、司馬德操分別稱贊爲臥龍、鳳雛、水鏡。這都是德公所作的品評啊。

【注釋】

　　[1] 目：看。諸葛孔明：諸葛亮，字孔明。龐士元：龐統，字士元。他是龐德公的侄子，後來曾經和諸葛亮並爲劉備的軍師中郎將。他隨劉備入蜀，率軍攻打雒城時中箭死，劉備極爲痛惜。司馬德操：司馬徽，字德操。他是東漢末潁川（見上《陰循》事補二注）人，避亂移家襄陽，隱居農村終生。題：品評。

【校記】

　　[一]《襄陽耆舊記·龐德公》（《心齋十種》本及《襄陽四略》本卷第一）引有此文。文前有“《先賢傳》云”四字。最早著録有這類“雜傳”的《隋書·經籍志》内，以“先賢傳”爲書名的有：《海内先賢傳》、《兗州先賢傳》、《徐州先賢傳》、《徐州先賢傳贊》、《交州先賢傳》、《魯國先賢傳》、《楚國先賢傳贊》（即爲“晋張方撰”者）、《汝南先賢傳》、《陳留先賢傳贊》、《吳先賢傳》、《零陵先賢傳》，計十一種。在這十一種中，上述“《先賢傳》云”四字所指，當以《楚國先賢傳贊》即《楚國先賢傳》爲最適合。“鄉里舊語……德公之題也”這三十一字，當是《楚國先賢傳》的佚文而過去未經輯録者。所以，把此文收入本書。

　　[二] 之題：《襄陽耆舊記》（《心齋十種》本）在此二字後注有“《志》注二字作‘語’”六字；同書《襄陽四略》本保留此注。按此注所指，是《三國

志‧蜀志‧龐統傳》“由是漸顯”裴松之注引文。其“之題”二字作“語”字；并且“諸葛孔明”四字前無“鄉里舊語目”五字，而爲“《襄陽記》曰”四字。這當是《楚國先賢傳》和《襄陽耆舊記》，對某些人物兩皆收入的例子之一。

【事補】

其一，龐德公是襄陽人，在東漢、三國之際的世亂中，終生隱居，耕種、採藥。劉表曾經請他出來做官，他不肯。《後漢書‧逸民傳‧龐公》：“龐公者（李賢注引《襄陽記》曰：‘（司馬）德操年小德公十歲，兄事之，呼作龐公，故俗人遂謂龐公是德公名，非也。’‘俗人’，《三國志‧蜀志‧龐統傳》裴松之注作‘世人’），南郡（見上《黃尚》事補一注）襄陽人也。居峴山之南，未嘗入城府。夫婦相敬如賓。荆州刺史劉表數（shuò，屢次）延請，不能屈，乃就候（親自前往問候）之。謂曰：‘夫保全一身，孰若保全天下乎？’龐公笑曰：‘鴻鵠（天鵝）巢於高林之上（實際上天鵝群栖於湖泊、沼澤地帶。這裏所説只是當時人們的一種認識），暮而得所栖；黿（yuán，綠團魚）、鼉（tuó，揚子鰐）穴於深淵之下，夕而得所宿。夫趣捨行止（趨向或捨棄，做什麼或不做什麼。趣，qū；捨，shě），亦人之巢穴也。且各得其栖宿而已，天下非所保也。’因釋耕（停止耕作）於壟（田埂）上，而妻子耘（除草）於前。表指而問曰：‘先生苦居畎畝（田間。畎，quǎn，田間小溝）而不肯官禄，後世（身後）何以遺子孫乎？’龐公曰：“世人皆遺之以危，今獨遺之以安，雖所遺不同，未爲無所遺也。’表嘆息而去。後遂携其妻子登鹿門山，因採藥不反（返）。”

其二，龐德公與當時隱居襄陽一帶的不少知識分子時相往來，親如家人。上引《後漢書》李賢注引《襄陽記》曰：“諸葛孔明每至德公家，獨拜床（坐榻）下，德公初（從來）不令止。司馬德操嘗詣（前往某人處）德公，值其渡沔，上先人墓，德操徑入其室，呼德公妻子，使速作黍（做黍米飯。黍，shǔ，黍子，糧食的一種，可以用來做飯或釀酒），徐元直（徐庶字。他曾經一度追隨劉備，後因其母被曹操軍隊俘獲，不得不離開）向云（前些時日説）‘當來（上引《三國志》裴注所引《襄陽記》，二字前有‘有客’二字）就我與德公談’。其妻子皆羅拜（四面圍繞着下拜。上引《三國志》裴注所引《襄陽記》，

二字之間有‘列’字）於堂下，奔走共設（來往跑着作各種供應。共，通
‘供’）。須臾（一會兒。臾，yú），德公還，直入相就（到一起去），不知何者
是客也。”

其三，龐德公早就很賞識龐統。他的兒子也頗有名，是諸葛亮的姊夫。上
引《三國志》裴注引《襄陽記》曰：“統，德公從子也，少未有識者，惟德公
重之。年十八，使往見德操。德操與語，既而嘆曰：‘德公誠知人，此實盛德也
（指龐德公善於知人是美盛的品德）。’”又曰：“德公子山民，亦有令名（美
譽），娶諸葛孔明小姊，爲魏黃門（原指涂有黃色的宮門，後於宮禁中設官署，
因而成爲官署名，有黃門侍郎等官。參見上《陰興》事補一注）吏部郎（分曹
供職的尚書郎的一種），早卒。”

楊　　慮[一]

儀兄慮，字威方。[1]少有德行，爲(江)［沔］南冠冕[二]。[2]州、郡禮
召，諸公辟請，皆不能屈。[3]年十七，夭。[4]鄉人（宗貴）號曰“德行楊
君[三]”。《三國蜀志·楊儀傳》注

【譯文】

楊儀的哥哥楊慮，字威方。年紀很輕而有德行，是漢水以南地區數第一的
人物。州、郡長官對他的禮聘、召見，三公對他的徵召、邀請，都不能使他屈
志應徵爲官。他十七歲就夭亡了。鄉里的人們稱他爲“德行楊君”。

【注釋】

〔1〕儀：楊儀，字威公。原在曹操所任命的荆州刺史傅群手下任主簿，他
離開傅群，投奔劉備的大將關羽。關羽派他去見劉備，劉備和諸葛亮都很器重
他。後諸葛亮死於伐魏的前綫。他率全軍南還，並討平與他不和的魏延。諸葛
亮平日看到他爲人狷狹，早請以蔣琬繼任己職。楊儀回朝，僅拜爲中軍師，心
懷怨憤，因而被廢爲民，不久自殺。

〔2〕沔南冠冕：漢水以南之最。冠冕，比喻首位。

〔3〕辟請：參見上《董班》事補注。不能屈：參見上《樊英》事補二注。

〔4〕夭：yāo，夭亡，未成年而死去。

【校記】

〔一〕《傳記》本原把楊慮算作蜀漢人，把此篇置於《楊顒》《郭攸之》兩篇之後。楊慮十七歲就夭亡了，其弟楊儀即令與他同歲，也必然小於他。《三國志·蜀志·楊儀傳》：楊儀"建安（196—219）中爲荆州刺史傅群（曹操所任命的刺史）主簿（見上《陰循》事補二注），背群而詣襄陽太守關羽（《三國志·蜀志·關羽傳》：'曹公引軍退歸。先主收江南諸郡，乃封拜元勳，以羽爲襄陽太守、蕩寇將軍，駐江北。'其時襄陽尚在曹操手中。先主，劉備）。羽命爲功曹（職掌考核功勞，予以選拔、升遷），遣奉使西詣先主。……及先主爲漢中王（其事在建安二十四年即219年秋），拔儀爲尚書"。楊儀爲傅群的主簿時，至少有二十歲；爲劉備的尚書更在此後。可是其時還都是漢獻帝劉協末年。足見楊慮不是三國蜀漢人，而是東漢末人。因此，把此篇改置於《龐德公》之後。《三國志》傳"其妻子還蜀"裴松之注，引有此文。文前有"《楚國先賢傳》云"六字。《説郛》本、《大觀》本無此文。

〔二〕（江）〔沔〕南冠冕：據上引《三國志》和《襄陽耆舊記》卷第一《楊慮》，楊儀及其兄楊慮是襄陽人。襄陽不在江南。"江南冠冕"，《襄陽耆舊記》作"沔南冠冕"，據改。

〔三〕鄉人（宗貴）號曰德行楊君：《三國志》裴松之注所引，實無"宗貴"二字，故删。

蜀　漢

楊　顒[一]

　　楊顒，字子（照）[昭][二]，襄陽人，爲蜀丞相主簿。[1]諸葛亮嘗自校簿書。顒直入諫曰：“爲治有體，不可相侵。[2]請爲明公作家以喻之。[3]今有人：使奴執耕稼，婢典炊爨，雞主司晨，狗主吠盜，牛負重載，馬涉遠路，私業無曠，所求皆足，雍容高拱，飲食而已矣[4]。忽一旦捐棄，欲以身親其役，爲此碎務，形疲神困，終無一成。豈智不如奴婢、雞犬哉？失家之法耳。是以古人稱‘坐而論道，謂之三公；作而行之，謂之卿大夫’[5]。明公爲治，乃躬自校簿，流汗竟日，不亦勞乎？”亮謝之[6]。《太平御覽》卷四百五十七

【譯文】

　　楊顒（yóng），字子昭，襄陽人，任蜀漢丞相所屬的主簿之職。丞相諸葛亮曾經親自校對公文、簿册。楊顒徑直進入諸葛亮校對公文的處所，諫諍説：“治理政事是有體制的，不可以互相侵越。容我爲您以家事作比喻吧。現在有人這樣辦：使奴僕從事農業生産，使女奴做飯，使公雞報曉，使狗守夜以防盜賊，使牛負重載，使馬走遠路，家内各業没有曠廢的，所要求之事都獲得滿足，他本人就可以從容不迫地無所事事，只用吃喝養生就行了。忽然他一下子抛棄上述做法，而要以一己之身親自做各種應役使人或家畜做的事，從事這些細碎的事務，身體疲倦了，精神困乏了，到底不會取得一個成果。難道是智力不如奴婢和雞、犬麽？不是的，是丢失了治理家事的方法而已。所以，古人説‘坐着議論治道的，叫作三公；起身去實行的，叫作卿大夫’。您治理政事，却親自校對公文、簿册，一天到晚忙得汗流，不是也太勞累了嗎？”諸葛亮聽了，表示這

一提醒很對，自己没有注意到這一點。

【注釋】

〔1〕主簿：見上《陰循》事補二注。

〔2〕體：體制。

〔3〕請：敬詞。明公：古代對有地位者的敬稱。

〔4〕執：執行。典、主：職掌。爨：cuàn，燒火煮飯。雍容：從容不迫。高拱：雙手不下垂而拱着，表示閒暇無事。

〔5〕坐而論道……大夫：是《周禮·冬官·考工記》中的文句，原作“坐而論道，謂之王公；作而行之，謂之士大夫”。坐而論道，指没有固定職守，專門陪侍帝王議論政事。王公，天子與諸侯。《書鈔·設官·總載三公》引許慎《五經異議》：“……天子立三公，曰太師、太傅、太保，無官屬（没有屬員），與王（君主）同職，故曰坐而論道，謂之三公。”作而行之，起身去實行。士大夫，這裏指官僚階層。三公，見上《董班》事補注及上引《五經異議》。卿、大夫，西周、春秋時周王及諸侯分封的臣屬，服從君主，爲之效力；在自己的封地，執掌軍政大權。卿的地位、職權高於大夫。

〔6〕謝：遜謝，認錯。

【校記】

〔一〕《御覽·人事·諫諍》引有此文。文前有“《楚國先賢傳》曰”六字。

〔二〕字子（照）〔昭〕：《御覽》“照”實作“昭”，故改。

郭攸之〔一〕

攸之，南陽人，以器業知名於時。〔1〕《三國·蜀志·董允傳》注

【譯文】

攸之，南陽人，以他的器識與德業知名於當時。

【注釋】

〔1〕器業：器識與德業，即度量、識見，以及道德修養上的力行積累。

【校記】

〔一〕《三國志·蜀志·董允傳》"備員而已"裴松之注引有此文。文前有
"《楚國先賢傳》曰"六字。《説郛》本、《大觀》本無此文。

【事補】

其一，郭攸之隨劉備入川，到劉備的兒子蜀漢後主劉禪時，任侍中，一直
忠於所事。《三國志·蜀志·諸葛亮傳》：建興（後主年號）五年（227），亮
"率諸軍北駐漢中，臨發，上疏曰：'侍中、侍郎（從兩漢開始，是郎官的一
種，起初是宮廷的近侍，以後漸有改變）郭攸之、費禕（yī）、董允等，此皆良
實（忠良誠實），志慮忠純（不夾雜私心），是以先帝簡拔（選擇提拔）以遺陛
下。愚以爲宮中之事，事無大小，悉以咨（諮詢）之，然後施行，必能裨補闕
漏（補益缺漏之處。裨，bì，增添、補湊。闕，通'缺'），有所廣益。……斟
酌損益，進盡忠言，則攸之、禕、允之任也。"

其二，郭攸之爲人謙退，在同僚間，儘先讓別人任事、發言。《三國志·蜀
志·董允傳》：諸葛亮將北征，向後主上疏後，"尋（不久，旋即）請禕爲參軍
（參丞相軍事之官）；允遷爲侍中，領（管領）虎賁（原爲勇士之稱，這裏指皇
宮衛隊。賁，bēn，奔。虎賁，有如虎之奔走逐獸，形容威猛）中郎將，統宿
衛親兵。攸之性素和順，備員而已。獻納（進言）之任，允皆專之矣"。

魏

宗　　承〔一〕

宗承，字世林，南陽安衆人。[1]父資，有美譽。

承少而修德雅正，確然不群，徵聘不就，聞德而至者如林。[2]魏武弱冠，屢造其門，值賓客猥積，不能得言；乃伺承起，往要之，捉手請交。[3]承拒而不納。

帝後爲司空[4]，輔漢朝，乃謂承曰："卿昔不顧吾，今可爲交未？"[5]承曰："松柏之志猶存。"[6]帝不説，以其名賢，猶敬禮之，敕文帝修子弟禮，就家拜漢中太守。[7]武帝平冀州，從至鄴，陳群等皆爲之拜。[8]帝猶以舊情介意，薄其位而優其禮，就家訪以朝政，居賓客之右。[9]

文帝徵爲直諫大夫。明帝欲引以爲相，以老固辭。[10]《世説新語·方正篇》注

【譯文】

宗承，字世林，南陽安衆人。他父親宗資，有很好的聲譽。

宗承年輕時就修養有典雅純正的品性，剛强不同流俗。官府和朝廷徵聘他，他都不應徵。聽説他有很好的德行，各地慕名而來的人非常多。當時曹操二十歲左右，屢次到他家訪問，恰好都碰到賓客擁擠，得不到和宗承説話的機會。於是守候到宗承從座位上暫時起身到室外去的時候，上前截住他，握住他的手，請相交好。宗承拒絶了曹操，不肯接受這一要求。

曹操後來身任司空，輔佐漢獻帝，這時就給宗承説："你從前對我不肯一顧，現在可不可以交好呢？"宗承説："我的松柏之志還是存在着的。"曹操很

不高興，但是因爲他是有名的賢者，仍然給以尊敬和禮遇，命兒子曹丕向他行晚輩對長者的禮，到他家裏去封拜他爲漢中太守。曹操平定冀州，他跟曹操前往鄴城，爲曹操所信任的陳群等人見了他都下拜爲禮。曹操却還因爲過去的情況而耿耿於懷，給他的官位不高，對他的禮數則從優，親自到他家裏去，聽取他對朝政的意見，在自己的賓客中，把他置於高過別人的地位。

文帝徵請他爲直諫大夫。明帝想請他任丞相之職，他説他已年老，堅決辭掉。

【注釋】

〔1〕安衆：今河南鄧縣東北。

〔2〕確然不群：剛强不同流俗。確，剛强堅實。

〔3〕魏武：曹操。漢獻帝劉協建安十八年（213）封他爲魏公；二十一年（216）進爵魏王。二十五年（220）正月，曹操死，謚爲武王。同年十月，曹丕代漢，謚爲魏太祖武皇帝。弱冠：指男子二十歲左右的年齡。古代男子二十歲行冠禮，即戴冠的儀式。弱，年少。冠，guàn，戴冠。造：往，到。猥積：衆多的人或事物聚積在一起。要：yāo，通“邀”，遮留，中途攔截。

〔4〕帝後爲司空：指曹操後來任司空之職。其事在建安元年（196），獻帝封曹操爲大將軍，袁紹不服，曹操請讓大將軍之位給袁紹，獻帝改封曹操爲司空。司空，參見上《董班》事補注。

〔5〕卿：封建時代，君對臣、地位高者對地位低者的稱謂；朋友之間也如此互稱，有親昵意。

〔6〕松柏之志：像松、柏那樣冬夏常青的意志，即一如既往的意志。

〔7〕説：見上《百里奚》事補三注。漢中：見上《董班》注5。

〔8〕平冀州：指曹操削平割據冀、幽、青、并各州的袁紹及其子袁尚的勢力。冀州、幽州、并州，轄境分別約當今河北南部，河北北部、遼寧一部和朝鮮民主主義人民共和國一部分地區，山西大部、陝西北部和内蒙古呼和浩特市以及河套地區。其治所分別是高邑、薊縣、晋陽，即今河北高邑東、北京市、山西太原市西南。青州，見上《黄琬》事補三注。鄴：見上《黄香》事補二注。陳群：曹操任司空時，以他爲屬員。人稱他有知人之明。後來，他歷任參丞相軍事、御史中丞（原爲御史大夫的佐貳之官，西漢末年起，爲御史臺長官。

御史臺，國家監察機關）、尚書。魏文帝曹丕、明帝曹叡時，歷任尚書令、司空。

〔9〕右：古時以右爲較高的地位。

〔10〕明帝：見注8"陳群"。文帝曹丕的兒子。

【校記】

〔一〕宗承：《世說新語·方正》"南陽宗世林……其見禮如此"劉孝標注引有此文。文前有"《楚國先賢傳》曰"六字。《説郛》本、《大觀》本無此文。

應　余〔一〕

應余，字子正，天姿方毅，志尚仁義。〔1〕建安二十三年，爲［南陽］郡功曹〔二〕〔2〕。

是時吳、蜀不賓，疆(場)［場］多虞〔三〕〔3〕宛將侯音扇動山民，保城以叛。〔4〕余與太守東里袞，當擾攘之際，迸竄得出。〔5〕［音］即遣騎追逐〔四〕，去城十里相及。賊便射袞，飛矢交流。余前以身當箭，被七創，因謂追賊曰："侯音狂(佞)［狡〕〔五〕，造爲凶逆。〔6〕大軍尋至，誅夷在近。謂卿曹本是善人，素無惡心，當思反善，何爲受其指揮？〔7〕我以身代君，以被重創，若身死君全，隕没無恨。"因仰天號哭(涕泣)［泣涕〕〔六〕，血淚俱下。賊見其義烈，釋袞不害。賊去之後，余亦命絶。

征南將軍曹仁討平音，表余行狀，并修祭醮。〔8〕太祖聞之，嗟嘆良久；下荊州，復表門閭，賜穀千斛。〔9〕袞後爲于禁司馬，見《魏略·游説傳》〔七〕〔10〕《三國·魏志·高貴鄉公紀》注

【譯文】

應余，字子正，生性方正堅毅，立志以仁義爲重。建安二十三年，任南陽郡功曹。

　　這時，孫權、劉備都不肯服從，疆界一帶常有驚擾。宛縣的守將侯音煽動山區居民，據有并堅守宛城，實行叛變。應余與太守東里袞在混亂中極力逃脱，纔得出城。侯音馬上派騎兵追趕，在離城十里的地方追上了他們。叛軍引弓射東里袞，飛過來的箭交錯奔流。應余迎着箭用自己的身體遮攔，七處中箭受創，於是對追來的叛軍説："侯音狂妄狡猾，突然逞凶叛逆。上面派來的大批軍隊馬上就到，很快可以平定叛亂，誅死侯音。我認爲你們本來都是好人，平常并没有作惡之心，應當用心想一想，回到好人的路上來，爲什麽要受侯音的指揮？我用自己的身體替代太守受箭，傷勢嚴重，如果我死了而太守能夠保全，我雖然死了，心裏也没有遺憾!"於是他仰面向天，大放悲聲，繼而聲音漸低，泪下如雨，與血一起流淌。叛軍見他義氣剛烈，丢開東里袞，不加殺害。叛軍離開以後，應余也就氣絶了。

　　征南將軍曹仁率軍討伐平定了侯音的叛亂，上表報告應余的事迹，并且請對他舉行祭奠。曹操知道了，嘆息了好久；取得荆州以後，又在應余住家門口及其里巷大門那裏設置表彰他的標誌，并且賜給他的家人一千斛糧食。東里袞後來任于禁帳下的司馬，見《魏略·游説傳》。

【注釋】

〔1〕天姿：這裏指生性，生來的個性。

〔2〕功曹：見上《楊慮》校記一注。

〔3〕吴、蜀：指孫權、劉備。當時他們尚未分別稱帝，但久與曹操對抗。賓：服從，歸順。疆場：疆界。場，yì。虞：憂，驚。《太玄·玄瑩》："古者……不虞。"《廣雅·釋言》："虞，驚也。"

〔4〕侯音：曹操方面派往宛縣駐守該地區的將領。建安二十三年（218）十月，南陽郡各地人民，特別是山區人民苦於徭役而有反抗行動。侯音率部與當地人民、下級官吏一起，反對曹操，逮捕太守東里袞，而與劉備方面的大將關羽通好。曹操派曹仁率軍前往討伐，包圍宛城。次年正月，城破，城内許多吏、民及侯音都被殺。

〔5〕擾攘：混亂。逬竄：奔逃。

〔6〕造：突然。

〔7〕謂：以爲。卿曹：你們。曹，輩。

〔8〕行狀：事迹。修：見上《李善》注6。醊：zhuì，又讀 chuò，祭祀時灑酒於地上，表示給被祭祀神、鬼飲用。

〔9〕太祖：曹操的廟號。曹丕即帝位，尊爲魏太祖。閭：里巷的大門。斛：容量單位。南宋末年以前，十斗爲一斛。

〔10〕于禁：曹操方面的大將。建安二十四年（219），曹操派曹仁進擊關羽，并派于禁支援曹仁。大雨，漢水漲，到處淹水，于禁所部大量淹没。關羽乘大船來攻，于禁投降。司馬：這不是漢武時罷太尉而改置的大司馬。這是將軍之下的軍府之官，綜理一府之事，參預軍事計劃。

【校記】

〔一〕《三國志·魏志·高貴鄉公紀》"其下司徒，署余孫倫吏，使蒙伏節之報"裴松之注引有此文。文前有"《楚國先賢傳》曰"六字；文首無"應"字。《御覽·人事·義》（卷四二一）及《説郛》本也引有此文。《御覽》文前也有"《楚國先賢傳》曰"六字；但《御覽》及《説郛》本文中無"天姿……二十三年""疆場……侯因""當擾攘之際""音即……相及""侯音狂狄……指揮""賊去……《魏略·游説傳》"等一百三十三字；"扇動……以叛"作"山民皆叛"，"迸竄"作"迸力"，"因謂追賊曰"無"追"字，"以被"作"已被"，"血淚俱下"作"涕血俱下如雨"。又，《説郛》本"重創"作"重瘡"；《大觀》本同《御覽》及《説郛》本，而"我以身代君，已被重創，若身死君全"句無"已被重創，若身死君"八字。

〔二〕爲〔南陽〕郡功曹：據上引《高貴鄉公紀》"昔南陽郡山賊擾攘，欲劫質故太守東里袞"的記述增"南陽"二字。

〔三〕疆（場）〔埸〕多虞：據上引《高貴鄉公紀》裴注所引，"埸"實作"埸"，故改。

〔四〕〔音〕即遣騎追逐：據上引裴注所引，增"音"字。

〔五〕侯音狂（佞）〔狄〕：據上引裴注所引，"佞"實作"狄"，故改。

〔六〕因仰天號哭（涕泣）〔泣涕〕：據上引裴注所引，"涕泣"實作"泣涕"，故改。

〔七〕袞後爲……游説傳：十三字，疑爲裴松之作注時所加。

應　璩^{〔一〕}

汝南應休璉作《百一篇》詩，譏切時事。^{〔1〕}遍以示在事者，咸皆愕怪。或以爲應焚棄之，何晏獨無怪也。^{〔2〕}《文選》應璩《百一詩》注

【譯文】

汝南的應休璉，寫了《百一篇》詩，痛切地譏刺時事。凡與這些時事有關的人，他都給他們看看。他們看了詩，無不驚訝駭怪。有人認爲應當把詩焚燬丟掉，只有何晏認爲沒有什麼可駭怪的。

【注釋】

〔1〕休璉：應璩（qú）的字。《百一篇》詩：即《百一詩》。對於詩之以"百一"爲題，有多種説法。或者説是指應璩的原詩可能有一百零一篇；或者説是指此詩以百字爲一篇；或者説是指詩的内容爲提醒被諷諭者應當知道百慮也會有一失；或者説是指詩的内容總有百分之一會有補於時政。

〔2〕何晏：三國魏玄學家。與夏侯玄、王弼等提倡玄學，從事清談，造成一時風氣。著有《無爲論》《論語集解》等。娶曹操女。魏齊王曹芳繼明帝曹叡爲帝，何晏因親附於大將軍曹爽，而任侍郎、尚書。後來在司馬懿與曹爽的激烈鬥爭中，曹爽被殺，何晏也被殺。

【校記】

〔一〕《文選》應璩《百一詩》李善解題引有此文。文前有"張方賢《楚國先賢傳》曰"九字。《説郛》本、《大觀》本無此文。

【事補】

應璩之兄應瑒（yáng，又讀 chàng、dáng），被魏文帝稱爲當時文人中的"七子"之一。應璩本人也因能文章而顯貴。他在文帝曹丕、明帝曹叡、齊王曹芳時在朝爲官。他著有諷諭詩一百多首，曾經以詩諷諭過曹爽。魏文帝《典

論·論文》：“今之文人，魯國孔融……汝南應瑒、東平劉楨，斯七子者，於學無所遺，於辭無所假（在文辭上用不着有任何假借，即文辭豐贍）。”《三國志·魏志·王粲傳》附傳：“瑒弟璩，璩子貞，咸以文章顯。璩官至侍中。”裴松之注引《文章叙録》曰：“璩，字休璉，博學，好屬文，善爲書記（書牘、信札）。文、明帝世，歷官散騎常侍（三國魏合兩漢散騎與中常侍爲一，稱散騎常侍。在皇帝左右，備顧問，諫過失。散騎，皇帝的騎從）。齊王即位，稍遷侍中、大將軍長史（輔佐大將軍的官員。秦時已有長史；兩漢三公府均設有此官，職位頗重；三國沿置）。曹爽秉政，多違法度，璩爲詩以諷焉。其言雖頗諧合（和諧合意），多切時要，世共傳之。復爲侍中，典著作。嘉平四年（齊王曹芳年號，252年）卒，追贈衛尉（見上《陰興》事補一注）。”上引《文選》李善解題引李充《翰林論》曰：“應休璉五言詩百數十篇，以風規治道（規勸以處理政事之道。風，fēng，通‘諷’），蓋有詩人之旨（指所謂溫柔敦厚的意旨，即感情與措詞不出乎禮的制約）焉。”又引孫盛《晉陽秋》曰：“應璩作五言詩百三十篇，言時事頗有補益，世多傳之。”

韓　暨[一]

暨，韓王信之後。[1]祖術，河東太守。父純，南郡太守。

暨臨終遺(書)[言]曰[二]：“夫俗奢者，示之以儉，儉則節之以禮。歷見前代送終過制，失之甚矣[三]。若爾曹，敬聽吾言[四]：斂以時服，葬以土藏，穿畢便葬，送以瓦器，慎勿有增益[五]。”[2]

又上疏曰[3]：“生，有益於民；死，猶不害於民。況臣備位台司，在職(曰)[日]淺[六]，未能宣揚盛德以廣益黎庶。[4]寢疾彌留，奄即幽冥。[5]方今百姓農務，不宜勞役，乞不令洛陽吏民供設喪具。[6]懼國典有常，使臣私願不得展從，謹冒以聞，惟蒙哀許。”

帝得表嗟嘆，乃詔曰：“故司徒韓暨，積德履行，忠以立朝，至於黃髮，直亮不虧。[7]既登三事，望獲毗輔之助，如何奄忽，天命不永！[8]曾參臨沒，易簣以禮；晏嬰尚儉，遣車降制。[9]今司徒知命，遺言卹民，必欲崇約，可謂善始(合) ［令］ 終[七]者也。[10]其喪禮所設，皆如故事，勿有所闕。特賜温明、秘器，衣一稱，五時朝服，玉具劍佩。"[11]《三國魏志·韓暨傳》注

【譯文】

韓暨，是韓王信的後代。他祖父韓術，河東太守；父親韓純，南郡太守。

韓暨臨死時，留給他的兒子的囑咐説："風俗奢侈的，要用儉約來表示提倡；風俗儉約的，要用禮的規定來進行調節。歷來看到以前的人們辦理喪事超過制度的限制，以致於差得太遠了。至於你們，要敬謹地聽我的話：就穿着現在的季節的衣服入殮，埋葬在土穴裏，挖掘完畢就埋下去，不用磚、石砌墓，并且只用瓦器作禮葬之品，切切不可再增添别的東西。"

又向皇帝上疏説："人活着，要有益於人民；死了，還要不給人民帶來損害。何況臣充數於三公之位，任此職時間很短，還未能宣揚您盛大的德意，使廣大人民普遍受到霑益。現在卧病已到彌留之際，氣息奄奄，就要死去。當前老百姓正忙於農業生產，不可以使他們從事勞役，請不要叫洛陽地區的官吏、人民置備和陳設送葬的物品。我恐怕國家的制度有一定的規定，使我的個人願望不能得到實現，敬謹冒昧地向您陳請，希望能得到您的哀憐和准許。"

皇帝接到表章，爲之嘆息，下詔説："已故的司徒韓暨，長期操持美德，舉措都是善行，在朝爲官，忠心耿耿，一直到老年，都正直誠信，没有虧缺。他登上三公之位後，我正希望得到他輔佐大政的助力，怎麽竟很快去世，老天不給以長壽呢！從前，曾參臨死，不肯躺在不合乎自己尚非大夫的身份的床墊上死去，堅持更換床墊；而晏嬰過分節儉，齊景公就派人賜給他好的車、馬，諭令他接受并使用。現在，已故的司徒深知天命，留下遺言，體恤人民，一定要崇尚儉約，（他的立身行事）可以説是善始善終的了。他的喪禮所應當設置的一切，統統按照三公去世的先例進行，不要有所欠缺。兹特賜給温明禮器和棺材，配合齊全的衣服一套，還有五時的朝服，用玉琢成的器具，以及寶劍和佩帶寶劍所用的各物，以供殯葬之需。"

【注釋】

〔1〕韓王信：與劉邦的主要大將韓信同姓名。他是戰國韓襄王韓倉的孫子

之一。秦末，劉邦謀臣張良率部取韓故地，他隨張良爲將領。劉邦稱漢王，東向與項羽爭雄，立韓信爲韓王，因而稱韓王信。他曾經被項羽所俘，降楚，後來又歸漢，參與擊敗項羽的戰爭。漢高祖劉邦六年（前201），韓國被遷往今山西中、北部，治所由陽翟（見上《陰循》事補二注）遷往太原（今山西太原市），他自請以馬邑（今山西朔縣）爲治所。不久，他投降匈奴，屢爲邊患。十一年（前196），在與漢軍交戰中被殺。

〔2〕斂：見上《董班》事補注。送：禮葬。慎勿：切不可。

〔3〕疏（shū）：奏章。

〔4〕台司：三台的職事，即三公之位。

〔5〕彌留：病重將死。奄：氣息微弱貌。

〔6〕喪具：送死用的各物。

〔7〕黃髮：年老。

〔8〕三事：三公也被稱爲三事大夫。因爲他們雖坐而論道，無所職掌，但却參與六卿之事。六卿，周朝爲冢宰、司徒、宗伯、司馬、司寇、司空。毗輔：輔佐。毗，pí。奄忽：指死亡。

〔9〕曾參臨沒，易簀以禮：《禮記·檀弓上》：孔子弟子曾參病重，侍候他的"童子曰：'華而睆（美麗而有光澤。睆，huǎn）。大夫之簀與（這是大夫等級的官員纔可以鋪的華美床墊吧？簀，zé，用竹片編的床墊）？……曾子曰：'然。斯季孫之賜也（這是季孫贈給的），我未之能易也（意思是説，我不是大夫，不能死在這樣華美的、不合乎我的身份的床墊上；但是，我因病未能自己換掉）。元（曾參呼唤他的大兒子曾元）！起易簀。'"這時，曾元勸他暫不要換床墊，他堅持要換。結果，在換了床墊還没扶他重新躺好的時候，他就死了。晏嬰尚儉，遣車降制：《晏子春秋·內篇·雜下》：晏嬰上朝，用駑馬駕舊車；齊景公姜杵曰"使梁丘據（人名）遺（贈送）之輅車乘馬（君主所乘的寬大的車和四匹駕車的馬。輅，lù。乘，見上《百里奚》注2）。三返不受。……公曰：'夫子不受，寡人亦不乘。'晏子對曰：'君使臣臨（面對着，爲之作表率）百官之吏。臣節其衣服、飲食之養，以先國之民（我在齊國之民的前頭行動，對吃、穿、用諸方面實行節儉），然猶恐其侈靡。'"我如果奢侈起來，超過必需以及制度的限制，怎麼能禁止他們呢！"遂讓不受"。降制，指齊景公諭令晏嬰。

〔10〕（合）〔令〕終：善終。令，美，善。

〔11〕溫明：葬器。是方形的桶，加以漆畫，開一畫，其中放一銅鏡。古時用以懸掛在尸體上，入殮時再把所開的一面覆蓋住。秘器：皇帝專用的工場所製的棺材。衣一稱：配合齊全的一套衣服。五時：立春、立夏、大暑、立秋、立冬。

【校記】

〔一〕《三國志·魏志·韓暨傳》“韓暨字公至，南陽堵陽人也”及“謚曰恭侯”兩處的裴松之注分別引有此文的兩部分。前一處的注，引有“暨，韓王信之後。……父純，南郡太守”十八字；後一處的注，引有“暨臨終……玉具劍佩”二百六十字。兩處文前均有“《楚國先賢傳》曰”六字。《御覽·禮儀·葬送》（卷五五六）引有“韓暨將終……慎勿有增益”諸句，文前有“《楚國先賢傳》曰”六字。《説郛》本、《大觀》本除文前無此六字外，與《御覽》同。

〔二〕暨臨終遺（書）〔言〕曰：上引《韓暨傳》裴注所引，“書”實作“言”，據改。《御覽》及《説郛》本、《大觀》本均作“韓暨將終遺言曰”。

〔三〕歷見前代……失之甚矣：《御覽》及《説郛》本、《大觀》本“代”作“世”，“矣”作“也”。

〔四〕若爾曹敬聽吾言：《御覽》及《説郛》本、《大觀》本無“爾”字。

〔五〕送以瓦器慎勿有增益：《御覽》及《説郛》本、《大觀》本“送以瓦器”作“送之以瓦器”；《説郛》本、《大觀》本“慎勿有增益”作“慎勿有增益也”。

〔六〕在職（曰）〔日〕淺：上引《韓暨傳》裴注所引，“曰”實作“日”，據改。

〔七〕善始（合）〔令〕終：上引《韓暨傳》裴注所引，“合”實作“令”，據改。

【事補】

其一，韓暨是南陽堵陽（今河南方城東）人。他青年時期，曾經爲父、兄報仇；又隱居避亂，不肯出仕。《三國志・魏志》本傳："韓暨，字公至，南陽堵陽人也。同縣豪右（豪門大族）陳茂，譖（zèn，進讒言以誣陷人）暨父、兄，幾至大辟（死刑）。暨陽（通'佯'）不以爲言，庸賃（雇傭給別人。庸，通'傭'）積資，陰結死士（敢死的勇士），遂追呼，尋禽茂（這時纔追悼悲呼，不久就把陳茂擒獲。禽，通'擒'），以首（陳茂的頭）祭父墓，由是顯名。舉孝廉，司空（見上《宗承》注5）辟，皆不就。乃變名姓，隱居避亂魯陽（見上《樊英》事補一注）山中。山民合黨，欲行寇掠。暨散家財以供牛（肉牛或牛肉）、酒，請其渠帥（首領），爲陳安危。山民化之（受到教育而思想發生變化），終不爲害。避袁術（袁紹之弟。董卓專權，他逃到南陽，據有其地。後來割據今淮河下游和長江下游地區。建安二年，即197年，稱帝於壽春，即今安徽壽縣。他殘酷榨取人民血汗，以供自己窮奢極欲之需。曹操擊敗了他。兩年後，他窮蹙病死）命召，徙居山都之山。"

其二，韓暨不得已任劉表（東漢皇族的遠支。漢獻帝初平元年，即190年，任荊州刺史，後改稱荊州牧。據有今湖北、湖南地區。所據地區破壞較少，黃河流域很多人來避難。建安十三年，即208年，他病死）的宜城長（秦、漢時，一縣有萬戶以上的，長官稱爲令，萬戶以下的，長官稱爲長）。後來受曹操徵召爲官，曾經在監冶謁者（監督礦冶之事的官員）任內，使用水力鼓風冶煉，提高效率三倍。上引本傳："荊州牧劉表禮辟，遂遁逃，南居屬陵（今湖北公安西）界，所在見敬愛（到什麼地方都受到敬愛），而表深恨之。暨懼，應命，除（授職）宜城長。太祖（指曹操）平荊州，辟爲丞相士曹（在丞相下管理官員爵祿等的部門）屬（官員。《尚書・周官》'六卿分職，各率其屬'孔安國傳：'六卿各率其官屬大夫、士，治其所分之職'）。後選樂陵（郡。轄境約當今山東陽信、無棣、惠民、利津一帶；治所是厭次，今惠民東北）太守，徙（調任）監冶謁者。舊時冶，作馬排（利用馬的力量鼓風吹炭的裝置，用以進行冶煉），每一熟石（冶鐵一石成熟。石，古代重量單位，三十斤爲一鈞，四鈞爲一石）用馬百匹；更作人排（利用人的力量鼓風吹炭的裝置），又費功力。暨乃因長流（長流水，即河流或引河流、湖泊水使長流）爲水排（利用水的力量鼓風吹炭的裝置），計其利益，三倍於前。在職七年，器用充實。制書（帝王詔書的一種）褒嘆，就加（因而加官）司金都尉（管理礦冶、鑄造兵器與農器的官員），班亞（品級僅次於）九卿（古時中央政權的九個高級官職。周、秦九卿不同。前者爲少師、少傅、少保，加六卿；後者爲奉常、郎中令、衛尉、太僕、廷尉、典客、宗正、治粟内史、少府。漢改奉常爲太常，郎中令爲光禄勛，典客爲大鴻臚，治粟内史爲大司農）。

其三，韓暨在魏文帝、明帝時，歷次封侯、遷官。他認真供職，最後因老、病辭去。上引本傳：“文帝踐阼（即位。阼，zuò，帝王即位或祭祀時所走上的專用石階），封宜城亭侯（食禄於亭的列侯。秦、漢時，十里一亭，十亭一鄉）。黄初七年（魏文帝年號，226年），遷太常（職掌宗廟禮儀之事，以及選試博士），進封南鄉亭侯，邑二百户。時新都洛陽，制度未備，而宗廟主祏（皇帝家廟中保存木主的石匣。祏，shí。木主，用木制成小碑，上書死者的謚號等，作爲敬奉、祭祀的神主）皆在鄴都（曹操封魏王，以鄴爲都，曹丕稱帝，仍爲五都之一。其今地參見上《黄香》事補二注）。暨奏請迎鄴四廟神主，建立洛陽廟……崇明正禮，廢去淫祀（不合禮制規定的祭祀），多所匡正。在官八年，以疾遜位（讓位給别人）。景初二年（明帝曹叡年號，238年）春，詔曰：“大中大夫（《後漢書·百官志二》有‘太中大夫’。劉昭注補引《漢官》曰：‘二十人，秩比二千石’）韓暨……年踰八十，守道彌固，可謂純篤（純正忠實），老而益劭（勉力）者也。其（語助詞，用於句首，表示命令的語氣）以暨爲司徒（司徒見上《董班》事補注）。”夏四月薨（薨見上《陰興》注2），遺令斂以時服，葬爲土藏。謚曰恭侯。”

吴

孟　宗[一]

[孟] 宗，[字恭武，至孝][二]。母嗜笋，冬節將至，時笋尚未生，宗入 [竹] 林哀嘆[三]，而笋爲之出，得以供母，皆以爲至孝之所(致)感[四]。[1]累遷光禄勛，遂至公矣。[2]《三國吴志·孫皓傳》注

【譯文】

孟宗，字恭武。他極其孝敬母親。母親喜歡吃竹笋。當時就要冬至了，竹笋還没有生出來，他走進竹林，找不到竹笋，悲苦地嘆息不止。竹笋因而爲他長了出來，他得以拿回去供母親食用。人們都認爲這是他極其孝敬的思想行動所感動出來的。他歷次提升官職，做官做到光禄勛，又從光禄勛最後升到三公之職。

【注釋】

〔1〕而笋爲之出……至孝之所（致）感：這自然只是一個歌頌孝行的美好傳説。竹笋是不會受感動而早生的。孟宗得到的竹笋，或者是由於氣候不正常，天氣過分温暖所生。冬節：冬至之日。

〔2〕光禄勛：見上《陰嵩》事補二注。至公：位至三公。

【校記】

〔一〕《三國志·吴志·孫皓傳》"右大司馬丁奉、司空孟仁卒"裴松之注引有"孟宗母嗜笋……遂至公矣"四十六字。文前有"《楚國先賢傳》曰"六字。《説郛》本、《大觀》本均無此文。另，《傳記》本除輯自上引《孫皓傳》

裴注的文字外，還同時有輯自《御覽》的文字："孟宗，字恭武，至孝。母好食笋，宗入林哀號，方冬，爲之出，因以供養。時人皆以爲孝感所致。"（《太平御覽》卷九百六十二）其中的"母好食笋""爲之出"，《御覽·竹·笋》（卷九六二）實作"母好食竹笋""笋爲之出"。文前也有"《楚國先賢傳》曰"六字。此外，《類聚·木·竹》（卷八九）也引有此文，但將冬天生笋的事說成是在孟宗之母死後："孟宗母嗜笋。及母亡，冬節將至，笋尚未生。宗入竹哀嘆，而笋爲之出，得以供祭。至孝之感也。"文前也有"《楚國先賢傳》曰"六字。

〔二〕［孟］宗［字恭武至孝〕："孟"及"字恭武至孝"六字，據《御覽》增。

〔三〕宗入［竹］林哀嘆："竹"字，據《類聚》增。"哀嘆"，《類聚》同；《御覽》作"哀號"，未據改。

〔四〕之所（致）感："致""感"二字中，當有一字是衍文，故刪"致"字。

【事補】

其一，孟宗即孟仁。他有一位好母親。她鼓勵他努力向學，交結才德之士，教育他不怕貧苦，但要清廉。他對母親很孝敬，母子之情極爲深厚。母親去世，他曾經棄掉官職奔喪，因而犯禁。《三國志·吳志·孫皓傳》"右大司馬丁奉、司空孟仁卒"裴松之注又引《吳錄》曰："仁字恭武，江夏人也。本名宗，避皓字（孫皓字元宗），易焉。少從南陽李肅學。其母爲作厚褥大被，或問其故，母曰：'小兒無德致客，學者多貧，故爲廣被，庶可得與氣類接（指留宿夜談領教）也。'其讀書夙夜不懈，肅奇之，曰：'卿宰相器（人才）也。'初爲驃騎將軍（將軍名號之一。驃，piào，馬疾行貌）朱據（他才兼文武，輕財好施，持正不阿。吳大帝孫權赤烏九年即246年，他被譖降職並賜死）軍吏，將母在營（帶着母親，在軍營裏生活）。既不得志，又夜雨屋漏，因起涕泣，以謝其母（向他母親告罪，自恨不能使母親有較舒適的生活）。母曰：'但當勉之，何足泣也?'據亦稍知之，除爲監池司馬（管理魚池的官職）。自能結網，手以捕魚，作鮓寄母（把魚加了工，寄給母親食用。這時他留母親在家。鮓，zhǎ，腌魚、糟魚之類）。母因以還之，曰：'汝爲直官，而以鮓寄我，非避嫌也。'遷吳（吳縣，今江蘇蘇州市）令（參見上《韓暨》事補二注）。時皆不得將家之官（携帶家屬到任），每得時物（應時新鮮食品），（來）［悉］以寄母，常不先食。及聞母亡，犯禁委（委棄，丟掉）官……特爲減死一等（棄去官職而走，當時吳國之法應處死，對孟宗酌減爲死刑以下之刑），復使爲官，蓋優（優待）之也。”

其二，孟宗做了高官，生活仍很儉樸。《御覽·飮食·飯》（卷八五〇）引《孟宗別傳》曰：“宗爲光禄勛，大會（朝中舉行盛大集會），醉吐麥飯（把麥磨碎，連麩皮一起煮成的飯，是一種粗糲的飯食）。察者以聞（指孫皓所派苛察宴會上各種細事的人把孟宗吐麥飯一事報告了孫皓。上引《孫皓傳》：‘皓每宴會群臣，無不咸令沈醉。置黃門郎十人，特不與酒，侍立終日，爲司過之吏。宴罷之後，各奏其闕失，迕視之咎，謬言之愆，罔有不舉。’迕，wǔ，又讀wù，忤。迕視，違背命令而看。同書《陸凱傳》：‘皓性不好人視己，群臣侍見，皆莫敢迕。’），詔問食麥飯意，宗答：‘臣家足有米，麥飯直（但，不過）愚臣所安（感到安適或心安），是以食之。”

石　　偉［一］

石偉，字公操，南郡人。[1]少好學，修節不怠，介然獨立，有不可奪之志。[2]舉茂才、賢良方正，皆不就。[3]孫休即位，特徵偉，累遷至光禄勛。及皓即位，朝政昏亂。偉（方）［乃］辭老耄痼疾〔二〕，乞身；就拜光禄大夫。[4]

吳平，建威將軍王戎親詣偉。[5]太康二年[6]，詔曰：“吳故光禄大夫石偉，秉志清白，皓首不渝，雖處亂邦，廉節可紀。年已過邁，不堪遠涉，其以偉爲議郎，加二千石秩，以終厥世。”[7]偉遂陽狂及盲，不受晉爵。[8]年八十三，太熙元年卒。[9]《三國吳志·孫休傳》注

【譯文】

石偉，字公操，南郡人。年輕時喜愛學習，修養志節，從不懈怠，爲人耿介，不隨便附和別人，有不可動搖的意志。地方官員選舉他爲茂才和賢良方正，

他都不肯接受，没有出來做官。孫休繼位爲皇帝，對他進行特別徵召。於是他屢次升擢，一直做到光禄勛。到孫皓即位，朝廷的政事昏暗不明，紛亂無章。石偉就以年老久病不愈爲理由，請求退職；因而被任爲職司顧問應對的光禄大夫。

晋滅吳，晋建威將軍王戎親自去看石偉。太康二年，晋武帝下詔説：“原吳國光禄大夫石偉，堅守清廉高潔的志節，頭髪白了也不懈怠，雖然處在政治混亂之國，但是他方正不阿的操守值得記述傳留。現在他年紀已經很老，經不起長途跋涉來朝了。可以任石偉爲議郎，加給他二千石的俸禄，直到他盡其天年。”石偉於是就僞裝發狂和眼瞎，不受晋朝的封爵。太熙元年，他八十三歲的時候去世。

【注釋】

〔1〕南郡：見上《黄尚》事補一注。

〔2〕介然：耿介，堅貞。

〔3〕茂才：見上《黄琬》事補二注。賢良方正：兩漢爲選拔統治人才而設的科目之一。開始於漢文帝劉恒時。

〔4〕老耄：年紀老。耄，mào，八九十歲。痼疾：久治不愈的病。痼，gù。乞身：封建時代，官員年老，自請退職，乞求從君主交給的公務中抽出己身。就：參見上《韓暨》事補二注。光禄大夫：見上《黄琬》事補三注。

〔5〕吳平：晋滅吳，最後結束三國分立，取得統一。建威將軍：將軍名號之一。王戎：“竹林七賢”之一。善清談。襲父爵爲貞陵亭侯，歷任散騎常侍（見上《應璩》事補注）、太守、刺史。任豫州（參見上《黄琬》事補三注。晋滅吳後，轄地向南延至今湖北廣濟；治所是陳縣，今河南淮陽）刺史時，加封建威將軍，受詔伐吳。攻取武昌、蘄春等地。平吳後，進爵安豐縣侯，歷任光禄勛、吏部尚書、中書令、司徒。吝嗇好財。種的梨樹品種好，賣梨時，怕别人得到梨種，把梨核都鑽取出來。

〔6〕太康二年：281 年。太康，晋武帝司馬炎年號。

〔7〕議郎：見上《陰嵩》事補二注。二千石：漢朝九卿、郎將、郡守、郡尉的俸禄等級。分三等：中二千石，每月受一百八十斛；二千石，一百二十斛；比二千石，一百斛。厥：其，他的。

〔8〕陽：見上《韓暨》事補一注。

〔9〕太熙元年：是晋武帝年號，290年。

【校記】

〔一〕《三國志·吴志·孫休傳》"遣光禄大夫周奕、石偉巡行風俗……爲黜陟之詔"裴松之注引有此文。文前有"《楚國先賢傳》曰"六字。《説郛》本、《大觀》本均有此文，但僅有"石偉，字公操，南郡人，仕吴爲光禄大夫。吴建威將軍王戎親詣偉。大康二年，詔以偉爲議郎，加二千石秩，以終厥身。偉遂陽狂，久竟不受"五十二字。其中"吴建威將軍"應爲"晋建威將軍"，"大康"應爲"太康"。

〔二〕偉（方）〔乃〕辭老耄痼疾：上引《孫休傳》裴注"方"實作"乃"，據改。

【事補】

石偉曾經被吴景帝孫休派往各地巡視。吴末帝孫皓時，他因爲人端方正直而不見容於朝廷。《三國志·吴志·孫休傳》："（永安）四年（261）夏五月，大雨，水泉涌溢。八月，遣光禄大夫周奕、石偉巡行風俗，察將吏清濁（廉潔與否），民所疾苦；爲黜陟（進退、升降官吏。黜，chù，貶斥，降級；陟，zhì，擢用，升級）之詔。"《晋書·王戎傳》："吴光禄勛石偉方直，不容皓朝。戎嘉其清節（清廉高尚的志節），表薦之。"

晋

韓　邦[一]

韓邦，字長林[二]，少有才學。晉武帝時，爲野王令，有稱績。[1]爲新城太守，坐舉野王故吏爲新城計吏，武帝大怒，遂殺邦。[2]

曁次子緜，高陽太守。[3]緜子洪，侍御史。[4]洪子壽，字德貞[三]。

《三國魏志・韓曁傳》注

【譯文】

韓邦，字長林，很年輕就有才學。晉武帝的時候，任野王縣令，作出了受到人們稱贊的治績。後來升任新城太守，由於選用原野王縣的縣吏爲新城郡主管會計的郡吏而獲罪，武帝大發雷霆，把他殺掉。

他祖父韓曁的次子韓緜，任高陽太守。韓緜的兒子韓洪，任侍御史。韓洪的兒子韓壽，字德貞。

【注釋】

〔1〕野王：今湖南沁陽。

〔2〕新城：郡。三國魏黃初元年合房陵、上庸二郡置。治所是房陵，今湖北房縣。轄境原包括今湖北房縣、保康、南漳、神農架、十堰市、竹溪、竹山及陝西鎮坪等地；後西部逐漸縮小，僅有今房縣、保康、南漳、神農架等地。坐：指辦罪的因由。舉：選拔任用。計吏：負責財物、賦稅、人事等項的登記以及上報事宜的屬吏。

〔3〕高陽：郡。東漢桓帝劉志時置。治所是高陽，今河北高陽東。轄境包括今河北高陽、保定市、清苑、博野、蠡縣等地。

〔4〕侍御史：秦置，漢沿用。在御史大夫下，給事於殿中，或舉劾不法，或督察郡、縣，或奉派出朝執行某項任務。

【校記】

〔一〕《三國志・魏志・韓暨傳》“子肇嗣。肇薨，子邦嗣”裴松之注引有此文。文前有“《楚國先賢傳》曰”六字。《説郛》本、《大觀》本無此文。

〔二〕韓邦字長林：上引《韓暨傳》裴注所引，實無“韓”字。

〔三〕暨次子繇……字德貞：這二十字，與韓邦無直接關係，是指他祖父韓暨的次子及其子孫的。

附　　録〔一〕

古者先王日祭、月享、時類、歲祀，〔1〕諸侯舍日，〔2〕卿、大夫舍月，士、庶人舍時。〔3〕《藝文類聚》卷三十八　案：此條未著姓名，不知朝代，故附於此

【譯文】

古時候，先王要每天舉行“祭”，每月舉行“享”，遇到特別事故就舉行“類”，每年則舉行“祀”。諸侯不舉行“日祭”。卿、大夫除不舉行“日祭”外，還不舉行“月享”。士、庶人除不舉行“日祭”“月享”外，還不舉行“時類”。

【注釋】

〔1〕先王：先代的最高統治者，一般指夏、商、周三代的王。祭、享、類、祀：古代人迷信，認爲天、地、山、川諸物以及已故的先輩都是永遠有知而爲神的，所以要進行種種祭祀，以祈福禳災，並按人們的社會地位，即等級，來規定其能够進行的祭祀。享，祭獻，上供。類，通“禷”（lèi），因有特別事故而臨時祭天。

〔2〕舍：舍去不做。

〔3〕士：先秦時最低的統治階層。庶人：本爲西周時的奴隸。春秋時，其地位在士以下，工商皂隸以上。秦、漢以後泛指没有官爵的平民。這裏含義是平民。

【校記】

〔一〕《類聚·禮·宗廟》（卷三八）引有此文。文前有“張方《楚國先賢傳》曰”八字。《説郛》本、《大觀》本無此文。

附

晋書・張方傳

張方，河間人也。[1]世貧賤，以材勇得幸於河間王顒，累遷兼振武將軍。[2]

永寧中，顒表討齊王冏，遣方領兵二萬爲前鋒。及冏被長沙王乂所殺，顒及成都王穎復表討乂，遣方率衆自函谷入屯河南。[3]惠帝遣左將軍皇甫商距之，方以潛軍破商之衆，遂入城。[4]乂奉帝討方於城内，方軍望見乘輿，於是小退，方止之不得，衆遂大敗，殺傷滿於衢巷。[5]方退壁於十三里橋，人情挫衄，無復固志，多勸方夜遁。[6]方曰：“兵之利鈍是常，貴因敗以爲成耳。我更前作壘，出其不意，此用兵之奇也。”乃夜潛進逼洛城七里。乂既新捷，不以爲意，忽聞方壘成，乃出戰，敗績。東海王越等執乂，送於金墉城。[7]方使郅輔取乂還營，炙殺之。於是大掠洛中官私奴婢萬餘人，而西還長安。顒加方右將軍、馮翊太守。[8]

蕩陰之役，顒又遣方鎮洛陽，上官巳、苗願等距之，大敗而退。[9]清河王覃夜襲巳、願，巳、願出奔，方乃入洛陽。[10]覃於廣陽門迎方而拜，方馳下車扶止之。於是復廢皇后羊氏。及帝自鄴還洛，方遣息罷以三千騎奉迎。[11]將渡河橋，方又以所乘陽燧車、青蓋素升三百人爲小鹵簿，迎帝至芒山下。[12]方自帥萬餘騎奉雲母輿及旌旗之飾，衛帝以進。[13]初，方見帝將拜，帝下車自止之。

方在洛既久，兵士暴掠，發哀獻皇女墓。[14]軍人喧喧，無復留意，議欲西遷，尚匿其迹，欲須天子出，因劫移都。[15]乃請帝謁廟，帝不許。[16]方遂悉引兵入殿迎帝，帝見兵至，避之於竹林中，軍人引帝出，方於馬上稽首曰[17]："胡賊縱逸，宿衞單少，陛下今日倖臣壘，臣當捍禦寇難，致死無二。"[18]於是軍人便亂入宮閣，爭割流蘇武帳而爲馬韉。[19]方奉帝至弘農，顒遣司馬周弼報方，欲廢太弟，方以爲不可。[20]

帝至長安，以方爲中領軍、録尚書事，領京兆太守。[21]時豫州刺史劉喬檄稱潁川太守劉輿迫脅范陽王虓距逆詔命，及東海王越等起兵於山東，乃遣方率步騎十萬往討之。[22]方屯兵霸上，而劉喬爲虓等所破。[23]顒聞喬敗，大懼，將罷兵，恐方不從，遲疑未決。

初，方從山東來，甚微賤，長安富人郅輔厚相供給。[24]及貴，以輔爲帳下督，甚昵之。[25]顒參軍畢垣，河間冠族，爲方所侮，忿而說顒曰[26]："張方久屯霸上，聞山東賊盛，盤桓不進，宜防其未萌。其親信郅輔具知其謀矣。"而繆播等先亦構之。[27]顒因使召輔，垣迎說輔曰："張方欲反，人謂卿知之。王若問卿，何以辭對？"輔驚曰："實不聞方反，爲之若何？"垣曰："王若問卿，但言爾爾。[28]不然，必不免禍。"輔既入，顒問之曰："張方反，卿知之乎？"輔曰："爾。"顒曰："遣卿取之可乎？"[29]又曰："爾。"顒於是使輔送書於方，因令殺之。[30]輔既昵於方，持刀而入，守閣者不疑。因火下發函，便斬方頭。[31]顒以輔爲安定太守。[32]

初，繆播等議斬方，送首與越，冀東軍可罷。及聞方死，更爭入關。[33]顒頗恨之，又使人殺輔。

【注釋】

〔1〕河間：漢高帝劉邦時置郡，後來有時爲國，有時爲郡。治所是樂城，今河北獻縣東南；西晋時轄境約當今河北雄縣、任丘、河間、獻縣、交河等地。

〔2〕材勇：勇武而有膂力。河間王顒：司馬懿之弟安平獻王司馬孚的孫子，八王之亂的八王之一。兼振武將軍：疑"兼"字衍。《資治通鑑·晋紀六·惠帝永寧元年》"顒……遣振武將軍張方討擒冏"句，無"兼"字。永寧這一年號僅有元年，即301年。

〔3〕函谷：函谷關，今河南靈寶東北。在山谷中，深險如函，因而得名。戰國秦置。河南：郡，漢高帝劉邦改秦三川郡置。治所是雒陽，三國魏改寫爲

洛陽；轄地在今河南中西部，西晉時北至黃河，西至今澠池以東和宜陽、嵩縣以西，南至欒川以東和汝陽、臨汝以南，東至禹縣以東和滎陽一帶。

〔4〕距：拒。城：指晉首都洛陽城。

〔5〕乘輿：舊指帝王所用的車，也用爲帝王的代稱。乘，shèng。

〔6〕壁：營壘，構築營壘。挫衄：挫敗。衄，nǜ，損傷。固志：堅定而不動搖的意志。

〔7〕金墉城：三國魏明帝曹叡時所築的一個小城，位於當時洛陽城西北角，在今河南洛陽市東。魏、晉時被廢的帝、後安置於此。墉，見上《黃琬》注3。

〔8〕馮翊：郡，三國魏改左馮翊置。轄境在今陝西中東部，南至渭河，西至宜君以西，北至宜川以南，東至黃河；治所是臨晉，今大荔。馮，píng。

〔9〕蕩陰之役：蕩陰，今河南湯陰。東海王司馬越召四方兵，奉惠帝司馬衷討伐成都王司馬穎。司馬穎當時鎮鄴城，今河北臨漳西南。雙方作戰結果，司馬越敗逃。司馬穎迎惠帝入鄴。

〔10〕清河王覃：惠帝異母弟清河康王司馬遐的兒子。由於司馬衷的太子司馬遹（yù）、太孫司馬臧先後被賈后、司馬倫殺害，又立的太孫司馬尚病死，因而太安元年司馬覃被立爲太子。永興元年春，司馬穎廢他爲清河王，司馬越恢復他太子之位；張方在他助戰下進入洛陽，他却又被司馬顒、張方廢掉。

〔11〕息：兒子。

〔12〕陽燧車：當指其上備有陽燧的車。陽燧，古時用以在太陽下取火的銅鏡。《晉書·輿服志》有"陽燧四望穗窗皂輪小形車"。青蓋：青色的車蓋，皇太子和帝王其他封王之子的車上所用。素升：當爲"素牙"，白色的牙旗。牙旗是大將所建的以象牙爲飾的旗幟。鹵簿：儀仗隊。

〔13〕雲母輿：上述《輿服志》有"雲母車，以雲母飾犢車。臣下不得乘"。

〔14〕哀獻皇女：惠帝司馬衷賈后所生的第四個女兒。

〔15〕西遷：指張方及其部下迫使惠帝自洛陽西遷長安。

〔16〕廟：太廟。指奉祀西晉已去世各帝的所在。

〔17〕稽首：跪拜叩頭至地，或叩頭至手而拱手至地。稽，qǐ。

〔18〕胡賊：對當時少數民族首領起兵的蔑稱。縱逸：奔突。

〔19〕閣："閤"的異體字。流蘇武帳：飾有彩穗的、置放武器的帳幔。帴：jiǎn，通"轞"。

〔20〕弘農：今河南靈寶。報：告知。太弟：即皇太弟，皇帝諸弟中定爲帝位繼承者之人。司馬顒爲太宰後，曾經立惠帝異母弟司馬穎爲皇太弟。司馬穎被安北將軍王浚等打敗，與惠帝一起逃洛陽。他已失勢，於是司馬顒想廢掉他。

〔21〕中領軍：漢末始設之官。魏、晋、南北朝時期，與中護軍同爲掌握軍權的要職，并且常由親信大臣擔任。録：總領。領：管領。京兆：漢武帝劉徹太初元年置。治所在長安，今陝西西安市西北。因爲是畿輔，不稱郡，長官稱尹。三國魏改稱郡，長官稱太守。西晋時轄地約當今陝西西安市、長安、藍田、臨潼、渭南、華縣等地。

〔22〕范陽王虓：司馬越的堂兄弟司馬虓，虓，xiāo。

〔23〕霸上：也作"灞上"，今陝西西安市以東。

〔24〕山東：山指崤山或華山，秦、漢時以其以東爲山東。

〔25〕帳下督：將帥帳下監督兵卒的屬員。

〔26〕冠族：仕宦之家。

〔27〕構：説壞話，設計陷害。

〔28〕爾爾：應答之辭，"唯唯"，"是是"。

〔29〕取：抓住並加以處置。

〔30〕書：書信。

〔31〕因火下發函：指趁張方於燈下把書信啓封閱讀之機。

〔32〕安定：郡，漢武帝時置。東漢至西晋，治所是臨涇，今甘肅鎮原西南。

〔33〕及聞方死：指司馬越指揮下的軍隊聽到張方已死的消息。入關：指向西進入函谷關。

晋書·楊方傳

楊方，字公回。少好學，有異才。

初爲郡鈴下威儀，公事之暇，輒讀五經，鄉邑未之知。[1]内史諸葛恢見而奇之，待以門人之禮，由是始得周旋貴人間。[2]時虞喜兄弟以儒學立名，雅愛方，爲之延譽。[3]

恢嘗遣方爲文，薦郡功曹主簿。虞預稱美之，送以示循。[4]循報書曰："此子開拔有志，意只言異於凡猥耳，不圖偉才如此。[5]其文甚有奇分，若出其胸臆，乃是一國所推，豈但牧豎中逸群邪！[6]聞處舊黨之中，好有謙冲之行，此亦立身之一隅。[7]然世衰道喪，人物凋敝，每聞一介之徒有向道之志，冀之願之。[8]如方者，乃荒萊之特苗，卤田之善秀，姿質已良，但沾染未足耳。[9]移植豐壤，必成嘉穀。足下才爲世英，位爲朝右，道隆化立，然後爲貴。[10]昔許子將拔樊仲昭於賈豎，郭林宗成魏德公於畎畝。[11]足下志隆此業，二賢之功不爲難及也。"循遂稱方於京師。司徒王導辟爲掾，轉東安太守，遷司徒參軍事。[12]

方在都邑，搢紳之士咸厚遇之。[13]自以地寒，不願久留京華，求補遠郡，欲閑居著述。[14]導從之，上補高梁太守。[15]在郡積年，著《五經鉤沉》、更撰《吳越春秋》，并雜文筆，皆行於世。

以年老，棄郡歸。導將進之臺閣，固辭還鄉里，終於家。

【注釋】

〔1〕鈴下：鈴閣之下。鈴閣，指將帥以及州、郡長官處理公務的處所。威儀：高級官員受特賜而具有的隨從。

〔2〕内史：西漢至隋諸侯王國掌民政的官員。

〔3〕虞喜兄弟：會（kuài）稽餘姚人。《晋書・儒林傳・虞喜》："喜專心經傳……釋《毛詩略》，注《孝經》，爲《志林》三十篇。凡所注述數十萬言。"其弟虞豫，即虞預。同書《虞預傳》："預雅好經史……著《晋書》四十餘卷、《會稽典録》二十篇、《諸虞傳》十二篇。"

〔4〕循：賀循。《晋書》本傳説，晋元帝司馬睿爲安東將軍時，賀循爲吳國内史。元帝即位，以他"爲中書令，加散騎常侍"，他"以老疾固辭"。"朝廷疑滯皆諮之於循，循輒依經禮而對，爲當世儒宗。……雅有知人之鑒，拔同郡楊方於卑陋"，使之"卒成名於世"。雅，甚，很。

〔5〕開拔：通達而特出。凡猥：平庸的一般人。猥，指衆多。

〔6〕奇分：不尋常的品格。一國所推：舉國所應推重，冠於全國。牧豎：牧放牲畜的鄙賤之人，舊時對從事畜牧等生産的勞動者的蔑稱。逸群：超出同輩。

〔7〕舊黨：這裏指有長久情誼的親族與朋輩。謙沖：謙抑隨和，襟懷淡泊。一隅：可以從中窺知全貌的一角。

〔8〕一介之徒：意指任何一個不足道的人。一介，一個，有藐小、微賤的含義。向道：努力求“道”，並使自己的一切符合“道”的規範。

〔9〕荒萊：荒蕪不治、生滿雜草的田畝。萊，郊外輪番休耕之田。鹵：不生穀物的鹹鹵土地。善秀：美好的禾類之花。沾染：這裏指雨露滋潤，比喻接觸好的外物而受其有益的影響。

〔10〕道隆化立：所持的“道”得以尊隆，所作的教化得以達成。

〔11〕許子將拔樊仲昭於賈豎：《後漢書·許劭傳》説，曾經爲郡功曹的許劭，“字子將，汝南平輿（今河南平輿西北）人也。少峻名節，好人倫，多所賞識。若樊子昭、和陽士者，並顯於後世。故天下言拔士者，咸稱許、郭”。其中所説的樊子昭，當即樊仲昭。賈豎，對商人的蔑稱。賈，gǔ。郭林宗成魏德公於畎畝：《後漢書·郭太傳》説，“太，字林宗，太原界休人也”，“性明知人，好獎訓士類”，“其獎拔士人，皆如所鑒”。他獎拔的人，或出於“刍牧”，或出於“屠酤”，或出於“卒伍”。“成魏德公於畎畝”，當是其中一例。畎畝，田間，指從事農耕。畎，quǎn。

〔12〕東安：東安郡在今山東境，不在東晉統治地區之内。楊方任東安太守，當是遥領。

〔13〕搢紳之士：爲官者的代稱。《晉書·輿服志》：“所謂搢紳之士者，搢笏而垂紳帶也。”古時官員插笏於帶間，並垂着大帶。搢，jìn，插。紳帶，大帶。

〔14〕地寒：出身低微。京華：京師。因其地文物薈萃而稱“京華”。

〔15〕高梁：應爲高凉。郡，漢獻帝劉協建安二十五年（220）孫權分合浦郡置。轄境約當今廣東電白、陽江、恩平等地；治所是恩平，今恩平以北。

晉書・張輔傳

張輔，字世偉，南陽西鄂人，漢河間相衡之後也。[1]少有幹局，與從母兄劉喬齊名。[2]

初補藍田令，不爲豪强所屈。[3]時强弩將軍龐宗，西州大姓，護軍趙浚，宗婦族也，故僮僕放縱，爲百姓所患。[4]輔繩之，殺其二奴，又奪宗田二百餘頃以給貧户，一縣稱之。[5]轉山陽令，太尉陳準家僮亦暴横，輔復擊殺之。[6]累遷尚書郎，封宜昌亭侯。

轉御史中丞。[7]時積弩將軍孟觀與明威將軍郝彦不協，而觀因軍事害彦，又賈謐、潘岳、石崇等共相引重，及義陽王威有詐冒事，輔並糾劾之。[8]梁州刺史楊欣有姊喪，未經旬，車騎長史韓預强聘其女爲妻。[9]輔爲中正，貶預以清風俗，論者稱之。[10]及孫秀執權，威構輔於秀，秀惑之，將繩輔以法。[11]輔與秀箋曰："輔徒知希慕古人，當官而行，不復自知小爲身計。[12]今義陽王誠弘恕，不以介意。然輔母年七十六，常見憂慮，恐輔將以怨疾獲罪。願明公留神省察輔前後事，是國之愚臣而已。"秀雖凶狡，知輔雅正，爲威所誣，乃止。[13]

後遷馮翊太守。[14]是時長沙王乂以河間王顒專制關中，有不臣之迹，言於惠帝，密詔雍州刺史劉沈、秦州刺史皇甫重使討顒。[15]於是沈等與顒戰於長安，輔遂將兵救顒，沈等敗績。顒德之，乃以輔代重爲秦州刺史。當赴顒之難，金城太守游楷亦皆有功，轉梁州刺史，不之官。[16]楷聞輔之還，不時迎輔，陰圖之；又殺天水太守封尚，欲揚威西土；召隴西太守韓稚會議，未決。[17]稚子樸有武幹，斬異議者，即收兵伐輔。[18]輔與稚戰於遮多谷口，輔軍敗績，爲天水故帳下督富整所殺。[19]

初，輔嘗著論云："管仲不如鮑叔，鮑叔知所奉，知所投。管仲奉主而不能濟，所奔又非濟事之國，三歸反坫，皆鮑不爲。"[20]又論班固、司馬遷云："遷之著述，辭約而事畢，叙三千年事唯五十萬言。班固叙二百年事乃八十萬言。煩省不同，不如遷一也。良史述事，善足以獎勸，惡足以監誡，人道之常。[21]中流小事，亦無取焉。[22]而班皆書之，不如二也。毀貶晁錯，傷忠臣之道，不如三也。[23]遷既造創，固又因循，難易益不同矣。[24]又遷爲蘇秦、張儀、范雎、蔡澤作傳，逞辭流離，亦足以明其大才。[25]故述辯士則辭藻華靡，叙實録則隱核名檢。[26]此所以遷稱良史也。"又論魏武帝不及劉備，樂毅減於諸葛亮，詞多不載。

【注釋】

〔1〕西鄂：今河南南陽市北。漢河間相衡：東漢科學家、文學家張衡，曾經於順帝劉保永和初年任河間相。

〔2〕幹局：材幹與器量。劉喬：南陽人，豫州刺史。在八王之亂中，支持河間王司馬顒。

〔3〕藍田：今陝西藍田西。

〔4〕西州：這裏不是州名，而是泛指關中等地區。大姓：世家大族。僮僕：幼年僕役，奴僕。這裏指奴僕中的一部分，他們在主人指使、慫恿下仗勢欺侮一般人民。

〔5〕繩：究治。

〔6〕山陽：今河南焦作市東。

〔7〕御史中丞：古官名，掌監察、執法兼掌重要文書圖籍。

〔8〕義陽王威：司馬懿的堂孫河間平王司馬洪之子司馬威，過繼給義陽王司馬望爲子。他凶暴無操行，諂附趙王司馬倫。司馬倫失敗，他也被處死。

〔9〕梁州：三國魏元帝曹奐景元四年分益州置。轄境約當今北至陝西留壩以北，南、西、東分別至四川桐梓以南、蒼溪以西、奉節以東等地。治所是沔陽，今陝西勉縣以東；西晉移南鄭，今陝西漢中市。

〔10〕中正：三國魏在各州、郡所設官職，負責考察人才品德，選任官吏。晉沿置。

〔11〕孫秀：趙王司馬倫篡權的主要助手。構：見上《晉書·張方傳》注27。

〔12〕當官而行：任某官職時就履行某官職的職責。

〔13〕雅正：方正，正直。

〔14〕馮翊：見上《晋書・張方傳》注8。

〔15〕秦州：漢獻帝劉協興平元年分涼州置。西晋時轄境約當今西至青海貴德、南至四川平武、北至甘肅榆中以北、東至陝西鳳縣以東等地；治所是冀縣，今甘肅甘谷以東。

〔16〕金城：漢昭帝時置郡。西晋時轄境約當今甘肅蘭州市、永清、永登及青海民和等地；治所是榆中，今蘭州市以東。不之官：不去上任。因金城是涼州屬郡，游楷不願離開涼州而往梁州。

〔17〕不時：不準時，不按時。

〔18〕武幹：也是"材勇"的意思。

〔19〕輔……爲天水故帳下督富整所殺：富整當是與天水太守封尚有隙，因而支持游楷殺封尚，並與新任秦州刺史張輔爲仇。帳下督，見上《晋書・張方傳》注25。

〔20〕管仲不如鮑叔……所奔又非濟事之國：鮑叔牙事齊公子小白，小白爲齊國君，即五霸之首齊桓公。管仲事公子糾，在公子糾與小白的鬥爭中，不能挽救公子糾的失敗；公子糾曾經奔往魯國，魯國起初支持他，後來却從桓公之請殺了他。三歸：有各種説法。或指國君一娶三女，管仲也娶三姓之女；或指三處家庭；或指管仲的採邑；或指藏泉幣的府庫；或指市租而由齊桓公賜給管仲收取者。反坫：國君設宴招待他國之君，所設放置酒杯的設備，即廳堂前部東西兩柱之間用土築成的臺。坫，diàn。管仲爲臣而有反坫，説明他的侈僭。

〔21〕人道：指人事。

〔22〕中流：次等。

〔23〕晁錯：漢景帝劉啓時任御史大夫，堅決主張逐步削奪諸侯王封地，以鞏固中央集權制度，得到景帝採納。吳、楚等七國以誅晁錯爲名，發動叛亂，景帝殺晁錯。

〔24〕因循：照舊不改。

〔25〕流離：光采焕發貌。

〔26〕華靡：華麗。實録：這裏指翔實可靠的記載。隱核名檢：仔細考核其聲名、節操。

後　記

　　本書的校注是在朱祖延教授主持與指導下進行的，並得到湖北大學語言研究室全體老師的支持，其中特別是張林川同志爲收集所需基本資料付出了辛勤的勞動，校注之初還就如何校注的問題一起進行了討論。

　　在資料借閱上，承湖北省圖書館張德英同志、武漢大學圖書館劉紹雲同志、湖北大學圖書館高家望、譚聯秀同志給予熱情幫助。謹致謝忱！